# ENTREVISTOLOGÍA

# ENTRE
# VISTO
# LOGÍA

## La nueva ciencia de las
## entrevistas de trabajo

**ANNA PAPALIA**
**Traducción de Eric Levit Mora**

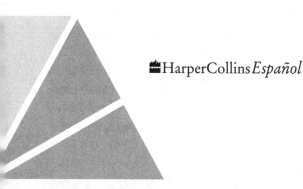

HarperCollins *Español*

En este libro cuento mi historia y las historias de mis clientes y alumnos. En algunos casos, he cambiado sus nombres para proteger su intimidad; en el caso de los nombres reales, he obtenido permiso para utilizarlos. Con el fin de esbozar los cuatro estilos de entrevista, he elegido a un cliente para representar cada estilo; estos clientes son meramente representativos y no muestran una descripción completa de ese estilo.

Los libros de HarperCollins Español pueden ser adquiridos con fines educativos, empresariales o promocionales. Para más información, envíe un correo electrónico a SPsales@harpercollins.com.

Título original: *Interviewology*

Publicado en inglés por Harper Business en los Estados Unidos de América en 2024

PRIMERA EDICIÓN EN ESPAÑOL, 2024

Traducción: Eric Levit Mora

Diseño: Leah Carlson-Stanisic

Este libro ha sido debidamente catalogado en la Biblioteca del Congreso de los Estados Unidos.

ISBN 978-0-06-335887-4

24 25 26 27 28 LBC 5 4 3 2 1

Para mis hijos, Simon y Eliot, mis pequeños Seductor y Desafiadora. No solo les dedico este libro, sino que todo lo que hago es por ustedes.

Para todas las personas increíbles que he conocido —y también para las que no— y que aspiran a desempeñarse mejor en las entrevistas, este libro es para ustedes. Como decía mi abuelo: «Hoy es el primer día del resto de sus vidas».

# Contenido

## Tercera parte:  Aplicar los estilos de entrevista

# Cómo utilizar este libro

Asumo que si estás leyendo este libro es porque quieres aprender a desempeñarte mejor en las entrevistas de trabajo. Te felicito por haber dado el primer paso.

Tras investigar mucho y realizar miles de entrevistas, he descubierto que no todos abordamos el proceso de entrevista de la misma forma. Hay quienes disfrutan de la oportunidad de contestar preguntas sobre sí mismos; estas personas adoran las entrevistas. Otros —aquellos que se han estremecido ante la frase anterior— nunca se sentirán cómodos en una, y mucho menos emocionados. Hay quienes anhelan gustar, otros que desean ser ellos mismos; algunos necesitan hacer las cosas bien y otros solo quieren adaptarse. Ningún enfoque es correcto o erróneo, y no hay una forma de realizar una entrevista superior a las demás.

Sin embargo, las guías que existen hoy en día no tienen esto en cuenta. Solo hay dos clases de libros que hablan sobre cómo abordar el proceso de entrevista: aquellos muy, muy específicos para un puesto en concreto o los generalistas que solo te piden memorizar una serie de respuestas cliché que, en teoría, podrían servirte para conseguir empleo.

Este libro no es ni lo uno ni lo otro.

He escrito estas páginas tanto para aspirantes como para encargados de selección, y sus consejos pueden aplicarse a cualquier industria y puesto. No te ofrecerá «respuestas perfectas para entrevistas» porque no creo que existan. Tampoco creo que las «respuestas perfectas para entrevistas» vayan a conseguirte el trabajo adecuado.

Tras una década en Recursos Humanos y en selección de personal —y otra como coach de desarrollo profesional—, dispongo de una amplia experiencia en ambos lados de la mesa, por lo que sé una cosa a ciencia cierta: en el sentido más primario, una entrevista solo es una serie de preguntas sobre ti, así que te irá mejor si sabes quién eres y qué quieres. Es lo mismo para los encargados de selección. Conocerte, conocer tus sesgos, tus preferencias y qué impresión das te ayudará a contratar mejor. Pero ninguno de los consejos que rondan por ahí está enfocado a descubrir quién eres en una entrevista.

Este libro sí.

La entrevistología es la nueva ciencia de las entrevistas de trabajo y está basada en mi investigación y décadas de experiencia. Se basa en mi descubrimiento de que, aunque no todos abordamos las entrevistas de la misma manera, sí que lo hacemos de cuatro formas específicas. En una entrevista eres o bien un Seductor, un Desafiador, un Analista o un Conciliador. Cualquiera de los cuatro estilos es igual de valioso. Ninguno es mejor o más efectivo.

En este libro comparto mi investigación sobre estos estilos, porque creo que conocer en profundidad cómo entrevista uno mismo y cómo entrevistan los demás puede darte lo que necesitas para hacerlo mejor. No se trata de respuestas preestablecidas o consejos trillados, sino de autoconocimiento. Espero proporcionarte un lenguaje para hablar de nuestros estilos y revolucionar la forma en que nos preparamos para las entrevistas.

En la Primera parte, hablo de cómo mi propia historia me llevó a descubrir los cuatro estilos de entrevista y por qué creo que son clave para el futuro de la profesión. En la Segunda parte, describo en profundidad cada estilo de entrevista: qué priorizan (por ejemplo, los Seductores quieren gustar, los Desafiadores quieren ser ellos mismos, los Analistas quieren hacer las cosas bien y los Conciliadores quieren adaptarse), cómo abordar una entrevista con cada estilo, cómo reaccionar ante el estilo opuesto, las fortalezas y las fortalezas sobrexplotadas de cada estilo, sus diferentes enfoques y qué hace cada uno para ser percibido como cualificado. Por último, en la Tercera parte, comparto lo que he aprendido a lo largo de mi camino de descubrimiento de estos cuatro estilos.

A pesar de que no exista una forma correcta de enfrentarse a una entrevista, existen buenas prácticas que hacen que el éxito sea más probable. ¿Hay gente a la que le va bien ignorando las convenciones y yendo a contracorriente? Por supuesto, pero no es lo habitual. A menudo ayuda seguir la sabiduría convencional. Por ejemplo, llegar a una entrevista un cuarto de hora antes suele ser un excelente consejo porque cuesta más dar una buena impresión si se ha sido impuntual. A lo largo del libro compartiré los mejores consejos y trucos que conozco para cada estilo de entrevista en secciones que llamaré «Fundamentos de entrevista para encargados de selección» y «Fundamentos de entrevista para candidatos». También desmentiré algunos de los mitos comunes sobre las entrevistas y revelaré verdades universales que he descubierto a lo largo de mi investigación y que he incluido en el apéndice para hacerlas más accesibles.

A lo largo de estas páginas, compartiré mi historia y las historias de mis clientes y alumnos, para inspirarte y animarte a compartir la tuya. Espero que, junto a tu estilo, descubras también la verdadera impresión que das en una entrevista y que esta te enseñe a ser tu mejor versión sin tener que fingir ser alguien que no eres.

## El Perfil de Entrevistología

Creé una evaluación de estilos de entrevista científicamente probada para ayudarte a determinar el tuyo. Consiste en una serie de preguntas sobre cómo abordas y te desempeñas en una entrevista. Cuando hayas realizado la evaluación, recibirás un Perfil de Entrevistología, una perspectiva completa de los resultados de tu evaluación. Si ya tienes tu perfil hecho, sabes que todos son distintos y que el tuyo te describe *a ti* con gran detalle; tanto cómo abordas las entrevistas como en qué tienes que trabajar. Este libro define los cuatro estilos de forma más general. Si todavía no tienes tu Perfil de Entrevistología, te animo a que lo hagas. Este libro trabaja en conjunto con tu perfil. Aunque, tras terminar el libro, puedas aventurarte a intuir cuál es tu estilo de entrevista, quizá te sorprendas. Algunos introvertidos son percibidos como extrovertidos en las entrevistas. Hay quien es Conciliador en casa y Seductor en una entrevista. La única forma de saberlo con seguridad es pasar por la evaluación.

Para descubrir tu estilo de entrevista y recibir un libro de ejercicios de preparación personalizado, visita www.theinterviewology.com.

# PRIMERA PARTE

## INTRODUCCIÓN

# 1

# Una entrevista puede cambiarte la vida

C uando tenía quince años, me fui de casa para escapar de mi padrastro abusivo, que me daba palizas cuando había tenido un mal día... o sin motivo alguno. Sabía que tenía que irme, pero con quince años no tenía muchas opciones. Por suerte, mi abuelo me salvó y me acogió. Acepté el único trabajo que pude encontrar: en la sandwichería de una gasolinera. Mi jefa era comprensiva; empatizaba conmigo porque ella también se había ido muy joven de casa. Me sentía afortunada: tenía trabajo, me había librado de mi padrastro y, por primera vez en más de siete años, no estaba viviendo en un constante estado de terror.

Entonces, poco más de un año después de haberme mudado con mis abuelos, llegué a casa de la escuela para encontrarme a mi querido abuelo tirado en el vestíbulo. Se había caído por las escaleras y había logrado arrastrarse hasta la puerta, pero no había podido abrirla. Llevaba horas ahí. La ambulancia se lo llevó al hospital y ahí descubrimos que había sufrido una embolia gravísima. El daño en el hemisferio derecho de su cerebro era tan severo que nunca volvió a andar ni hablar.

Me quedé destrozada. Había perdido a la única persona que me defendía y creía en mí; volvía a estar sola. Mi abuela, por su parte, estaba demasiado ocupada con su propio dolor y cuidando de él; a la postre, se había convertido en su enfermera a tiempo completo.

Un día, regresé a casa tras una larga jornada en la escuela secundaria seguida de un turno de cinco horas en la sandwichería de la gasolinera y me encontré ahí a mi tía. Se sentó conmigo junto a una enorme bolsa de basura negra. Apretó la mandíbula y retorció las manos. Había venido a ayudar a mi abuela y había pensado que la mayor ayuda que podía ofrecerle era limpiar la casa... e iba a empezar conmigo.

Me dijo que tenía que regresar a vivir con mi mamá y mi padrastro, pero me negué. Cuando insistió, le dije que no podía volver, que él me pegaba y que le tenía miedo, pero no me escuchó; lo único que hizo fue exigirme que le devolviera la llave de la casa de mis abuelos. Quería que me quedara claro que ya no era bienvenida. Cuando me saqué el llavero del bolsillo, las manos me temblaban tanto que ni siquiera pude sacar la llave, así que se lo di entero. Era el molde de resina de una caracola que mi abuelo me había regalado años atrás en uno de nuestros paseos por la playa. Sin él y sin esas llaves, era una indigente.

Me levanté, me eché la bolsa de basura a los hombros y salí. Me quedé sin techo durante lo que tardé en recorrer dos cuadras y llamar a la puerta de mi jefa con la cara empapada de lágrimas. Me acogió con los brazos abiertos.

Tras un tiempo, encontré un trabajo mejor en la sandwichería de un supermercado más grande. Mi nuevo jefe era el propietario del edificio, que tenía un departamento sobre la tienda. Cuando se fueron los inquilinos anteriores, me lo ofreció. Desde entonces, compartí piso con algunos de mis compañeros y mi jefe me restaba el alquiler del sueldo. Las cosas empezaban a funcionar.

A pesar de todo lo que había pasado, nunca abandoné los estudios porque mi único objetivo era ir a la universidad.

El principio de mi último año de la escuela secundaria no fue fácil. Estudiar y trabajar a tiempo completo me estaba pasando factura y me aterraba la idea de que mis calificaciones no fueran lo bastante buenas para graduarme. Fui a ver a la directora de la escuela y le dije que me había ido de casa y que tenía que trabajar a tiempo completo para mantenerme, pero que, a pesar de todo, ansiaba ir a la universidad. Me preocupaba no poder estudiar a tiempo completo y trabajar lo suficiente para pagar el alquiler. Me escuchó, asintió y, sin decir una palabra, me guio por el pasillo al despacho de la orientadora escolar. Le pidió que solo me inscribiera en las materias estrictamente necesarias para graduarme. Solo tenía que ir a tres clases, lo que significaba que mi horario sería de diez de la mañana a una de la tarde y tendría tiempo para trabajar.

Aprobé las tres materias; procesé mi duelo; trabajé; pagué el alquiler y me gradué de la secundaria. Lo único que me hacía seguir adelante era la esperanza de, algún día, poder salir de ahí. La universidad era mi vía de escape. Vivía en una comunidad pequeña, así que todo el mundo conocía mi historia. La universidad me daría la oportunidad de pasar desapercibida, de ser normal y dejarlo todo atrás.

Apliqué a la Universidad de Pensilvania para estudiar Psicología y, como parte del proceso de admisión, me pidieron que fuera a verlos para una entrevista. Les conté mi historia, no porque quisiera que se compadecieran de mí (por aquel entonces me avergonzaba muchísimo de ello), sino porque tenía que explicar por qué no había participado en ningún deporte y por qué mis promedios y mis resultados de los exámenes SAT eran más bajos que los del resto de los candidatos. Sabía que no era como ninguno de los demás estudiantes que habían aplicado, pero también sabía que mis experiencias me habían dado algo que mi competencia no tenía:

determinación e ingenio. Quería que supieran cuánto me había esforzado y que todo había sido para poder ir a la universidad, lo que veía como la oportunidad para cambiar mi vida.

Al final de la entrevista, el decano me miró y me dijo: «Bien, señorita Papalia, ahora tiene por delante una decisión complicada. Puede esperar la carta o puedo admitirla ahora mismo». Escogí que me admitiera de inmediato porque tenía bastante claro que se lo pensaría mejor si me iba.

Mi vida cambió en aquella entrevista.

## La segunda entrevista que me cambió la vida

Me mudé a Filadelfia y empecé a estudiar Psicología.

Durante mi primer año, Stephen Starr, ahora un conocido restaurador, abrió su quinto restaurante en el campus de la universidad. Se decía que trabajar con él era duro, que era difícil que te contratara y que era muy exigente con los meseros. A pesar de todo, quería formar parte de su equipo. Sus restaurantes eran muy populares y había oído rumores de que los empleados llegaban a facturar quinientos dólares en un solo turno. Si ganaba tanto dinero en unas pocas noches a la semana, podría permitirme pagar el alquiler y la universidad, y me sobraría tiempo para ir a clase y estudiar durante el día.

Las entrevistas eran grupales y la competencia encarnizada. Se realizaban en el despacho de la directora de restaurantes, Aimme Olexy, en mitad de una oficina de concepto abierto. Por si eso no fuera lo bastante imponente, el resto de los candidatos estaban presentes. Aimme era conocida por ser rápida y tajante; solo hacía un puñado de preguntas. Recuerdo una en particular: «¿Cuál es tu filosofía a la hora de atender una mesa?». Le contesté: «Creo en hacer las cosas bien a la primera. Si sabes que un cliente quiere algo hecho de una forma determinada, hazlo así desde el principio. No solo para que esté satisfecho, sino para no tener que perder el tiempo repitiendo la tarea, pues en lo que a un restaurante lleno se refiere, el tiempo es oro y la satisfacción del cliente es primordial». Mientras le contestaba, vi cómo su mirada pasaba del escepticismo a la satisfacción. Ese es el momento de la entrevista cuando sabes que el trabajo es tuyo.

En los cinco años que trabajé para Stephen Starr, atendí a celebridades, trabajé turnos de doce horas y le planté cara a chefs bravucones. Aprendí a hacer varias cosas a la vez. Aprendí a vender. Aprendí a hablar frente a un público de desconocidos. Aprendí a verme decidida y profesional.

Me vi atraída por el sector servicios porque soy extrovertida y me gusta la gente. Hay quien tiene instinto para los datos, para la naturaleza o para el diseño. Yo siempre he tenido instinto para las personas. Por eso estudié Psicología, porque quería entender a la gente.

Además de mi trabajo en el restaurante, también hice pasantías de salud conductual como asistente social. Estudié Psicología Organizacional y Psicología Anormal, diseñé experimentos psicológicos y redacté muchos trabajos. Sin embargo, para mí, ser mesera no era solo un buen sueldo, sino también una extensión de mis estudios universitarios. Cada mesa era una nueva oportunidad de entender a las personas, de ensayar un nuevo tono de voz, un nuevo enfoque, una nueva forma de interactuar. Atendí a miles de personas y lo vi como miles de oportunidades de modificar mi enfoque y de ver reacciones en tiempo real. Fue un gran experimento psicológico.

Ser mesera no solo me enseñó a adaptarme a trabajar con cualquier persona, sino también la importancia de cada contratación en particular. Todos los departamentos de un restaurante tienen que trabajar en equipo para ofrecer sus servicios y la falla de alguno de ellos afecta a todos los demás. Este nivel de trabajo en equipo exige un proceso de contratación muy cuidadoso porque si se acepta al candidato equivocado, todo el restaurante lo sufre. Cuando esto ocurría, trataba de mostrárselo discretamente al gerente general. Una noche, se echó las manos a la cabeza y me dijo: «Si crees que puedes entrevistar mejor que yo, hazlo». Así que lo hice. Nombré intermediarios en cada departamento para entrevistar a los candidatos. Me pareció que, como sabíamos qué era necesario para funcionar en cada puesto y que esa persona iba a trabajar con nosotros, debíamos tener voz y voto sobre quién era contratado.

En mis tiempos de universitaria, ser mesera fue una ocupación instrumental y pensé que, en cuanto me graduara, no se me pasaría por la cabeza volver a trabajar en un restaurante. Pero siempre se queda contigo algo de tus primeros trabajos: ahí fue donde aprendí a hacer varias cosas al mismo tiempo, a gestionar a una audiencia y, ante todo, a interesarme por el proceso de entrevista. Así que decidí que trabajar en el mundo corporativo me gustaría más que ser psicóloga. Tras cinco años, lo dejé todo para empezar mi carrera en Recursos Humanos.

## La tercera entrevista que me cambió la vida

Mi primer trabajo en el mundo corporativo fue como generalista en el equipo de ocho personas del departamento de Recursos Humanos de una gran empresa. Mis responsabilidades principales consistían en mantener las fichas de los empleados al día, realizar y supervisar evaluaciones precontratación y organizar una cantidad gigantesca de trabajo administrativo. Entré en Recursos Humanos porque me gustaban las personas, no el papeleo, así que estaba perdiendo el interés a gran velocidad; por no hablar de que tampoco se me daba bien el trabajo.

Entonces, un reclutador de la empresa que tenía demasiadas posiciones que cubrir me pidió que lo ayudara con la criba telefónica de los candidatos.

Feliz de no tener que hacer más papeleo, me lancé a la oportunidad. No podía creer que fueran a pagarme por hablar por teléfono y entrevistar a gente todo el día. Me encantó y me enganchó desde el principio. Es increíble cuán distinto se siente un trabajo que de verdad conecta con tus habilidades naturales. No recibí ninguna formación oficial. Ni siquiera me dijeron para qué puestos estaba reclutando, solo sabía que había vacantes que cubrir y que muchos de los encargados de selección querían a sus candidatos para ayer. Nadie me dio ni refirió nunca un manual, y, años más tarde, descubrí que era porque no existía ninguno. Teníamos vacantes que cubrir y ese era nuestro trabajo; esa era nuestra única guía.

Cuanta más gente entrevistaba, más veía que una entrevista es muy parecida a una sesión de terapia (algo perfecto para una psicóloga de formación): haces preguntas a los candidatos para tratar de entenderlos y ver si cuadran en el puesto. Tu trabajo consiste en descubrir si tu interlocutor te está engañando o si se está engañando a sí mismo.

Como la mayoría de los encargados de selección, tomé cargo del puesto con mis propios sesgos y motivaciones personales. Tras años de trabajar y estudiar en entornos exigentes de mucha presión, la profesionalidad y la simpatía eran las características que consideraba más importantes a la hora de contratar a alguien; no me gustaban los candidatos que no eran ni sofisticados ni espabilados. A lo largo de mi tiempo como mesera, refiné la simpatía y el encanto que creía necesarios para gustar a la gente. Cuando llegué a Recursos Humanos, utilicé estas mismas métricas para determinar si a alguien le había ido bien en su entrevista.

Para mí, la entrevista era un juego de rol y la simpatía, la métrica más importante.

Era exitosa y se me daban bien las entrevistas, así que asumía que, si alguien no hacía las cosas como yo, o como creía que debía, era porque no estaba bien preparado, porque no sería bueno en el puesto o porque no estaba cualificado, de modo que pasaba al siguiente candidato. Por aquel entonces, creía que no había más formas de entrevistar que la mía.

Dejé los Recursos Humanos de la empresa un año más tarde cuando me di cuenta de que me gustaba más la selección de personal y que, si quería destacar en eso, tendría que hacerlo a tiempo completo y aprender de otros reclutadores. Así que empecé a trabajar en una pequeña compañía boutique de reclutamiento.

Aprendí informalmente a reclutar, a llamar en frío, a preparar a candidatos para sus entrevistas y a perseverar. Aprendí que no todas las empresas entrevistan y contratan de la misma manera, y también los principios básicos de la entrevista. Pero tal vez, lo más importante que aprendí fue qué hacen los candidatos que tienen éxito, cómo se diferencian, cómo se visten, cómo actúan, cómo contestan a las preguntas, su actitud, su lenguaje corporal... el paquete completo. Había aprendido qué les gustaba a los encargados de selección y enseñaba a mis clientes a hacer exactamente eso.

Los reclutadores trabajan por encargo como brazo externo del proceso de selección de las empresas, así que cubres una vacante y pasas a la siguiente. Esto puede ser frustrante, pues las circunstancias son muy volátiles: las compañías cambian los criterios de selección, otro reclutador cubre la vacante en la que estabas trabajando o encuentras al candidato ideal y la empresa le hace una oferta, pero este la rechaza. Tienes muy poco control.

Así que, dos años más tarde, dejé la contratación contingente para trabajar directamente en una empresa. Me encantaba la selección de personal, pero extrañaba trabajar con los encargados de selección y formar parte de un equipo en el seno de una organización.

Entré a trabajar en una agencia de corretaje de seguros que había sido parte de un gran banco, y fui la primera persona que contrataron luego de la separación de la compañía. Mi trabajo era encontrar el nuevo equipo para la empresa en la que nos estábamos convirtiendo. En aquel momento, la firma no tenía ni nombre, ni logo, ni cultura, así que me pidieron que ayudara a descubrir quiénes queríamos ser y a encontrar el talento para la nueva identidad. Estar al pie del cañón se sentía emprendedor y muy emocionante.

Redacté las ofertas de trabajo, promocioné las vacantes, asistí a ferias de empleo, creé pasantías, programas de formación de talento, incentivos por recomendación de empleados y otras mil cosas más. Gracias a ello, me ascendieron en pocos meses y, año y medio más tarde, me convertí en la responsable de todo el departamento de Selección de Personal y en la guardiana corporativa. Trabajé con cada ejecutivo, diseñé estrategias de contratación para cada puesto y contraté talento para cada nivel, desde empleados para traer el correo hasta vicepresidentes ejecutivos; sentía que estaba marcando una diferencia.

Trabajaba por instinto y tomaba decisiones al vuelo. Decidía quién era merecedor de una evaluación telefónica hojeando su currículum durante menos de seis segundos y favorecía particularmente las recomendaciones internas. Quien tuviera un hueco en su historia laboral, un recorrido extraño o erratas en su hoja de vida era rechazado de inmediato. Era responsable de muchísimas vacantes abiertas al mismo tiempo y mi objetivo era cubrirlas tan deprisa como fuera posible. Mis bonos y evaluaciones se basaban en los puesto que tenían que cubrir, no en cómo lo hicieran. De modo que, durante una década, así fue como trabajé. Se me daba bien entregar lo que los encargados de selección querían, y, como tenía éxito, nunca me cuestioné mis métodos; eso llegó más adelante.

Tras colaborar con cientos de encargados de selección y entrevistar a miles de aplicantes, empecé a reparar en que había distintos estilos de reclutamiento: algunos entrevistadores hablaban durante todo el encuentro y no le hacían ni una sola pregunta al candidato; otros se apoyaban en alguna extraña exigencia y creían que algo específico hacía de alguien un triunfador. Las he oído todas:

«Para ser buenos vendedores, deben haber sido deportistas en la universidad».

«Me niego a contratar a alguien que no tome notas durante la entrevista».

«No entrevisto a nadie que no tenga el promedio de sus estudios en su hoja de vida, y tiene que ser como mínimo un 3,5 sobre 4».

«¿Promedio? ¿Eso qué es? Yo solo pido a alguien que se lleve bien con el equipo».

«Tienen que ser agradables y encajar».

Cuando tu trabajo depende de satisfacer a los encargados de selección, encuentras a los atletas, a los que toman notas y a los sobresalientes. No lo haces porque te parezca que esas cualidades sean importantes, sino porque a ellos les parecen importantes. Lo haces porque ese es tu trabajo.

Cuando parece que no logras encontrar a nadie válido, los encargados asumen que es porque no hay ningún buen candidato. Los reclutadores y encargados de selección no se cansan de repetir cuán poco preparados están sus candidatos; el problema siempre es del candidato. Es fácil culpar a la reserva de talento de tu alta rotación, de tus vacantes difíciles de cubrir y de la falta de buenos candidatos. Muy rara vez, si acaso alguna, se atribuyen los problemas a una falta de habilidades de liderazgo o de formación, o a una toma de decisiones sesgada por parte de los responsables.

Cuando estás en una posición de poder, es fácil culpar a quien no lo tiene.

En mi último año como directora de Talento, empecé a ver a los candidatos de otra forma. En las entrevistas, cuando veía a alguien poco preparado o vacilante, quería ayudarlo, darle las respuestas correctas y enseñarle a negociar. No estoy segura de cómo ocurrió ni de por qué cambié de enfoque, pero sí recuerdo el momento en que pasó.

Era un día como otro cualquiera en que tenía agendadas una entrevista tras otra, pero ese día en particular, una de ellas me cambió la vida.

Me había sentado ya con tres candidatos para un puesto de contador y, a lo largo de las tres entrevistas, no había dejado de pensar: «No encajamos». No había sentido sintonía ni conexión con ninguno de los candidatos, así que terminé las entrevistas con ganas de más. De haber ocurrido en años anteriores, hubiese descartado a los tres y hubiese seguido buscando a alguien con quien encajara. No sé por qué, pero entonces me pregunté si, quizá, el problema no eran ellos. Empecé a cuestionarme mis propios motivos y prácticas de reclutamiento, y regresé a mi despacho para reflexionar.

Recuerdo mirar por la ventana hacia un estanque que había en el edificio de la empresa y pensar: «¿Por qué tengo que encajar con esta persona?». Nunca me lo había planteado, nunca me había parado a ponderar por qué prefería un cierto tipo de candidato: «¿Por qué busco a alguien como yo?».

Entonces, se me encendió la bombilla de una forma que cambiaría mi perspectiva como reclutadora para siempre: «¿Tengo sesgos?». La idea me sacudió: «No. ¿Yo? ¿Sesgos? No».

Esto fue mucho antes de que la formación en diversidad e inclusión fuese tan habitual como ahora. Estaba perpleja y me quedé mirando la fuente en mitad del estanque; pensé en por qué quería encajar con alguien y por qué sentía que eso era imprescindible. Me di cuenta de que era por cómo abordaba las entrevistas. Aquel momento fue una cura de humildad, pues me di cuenta de que llevaba años evaluando mal el talento, desorientada.

Uno de mis principales criterios había sido siempre «encajar» en la entrevista, pero entendí que «encajar» no era una habilidad laboral que necesitara un contador. El puesto no era de cara al público y no tenían que crear vínculos, sino que necesitaba de alguien que supiera llevar libros contables y cuadrar números. Cuando dejé de lado mis propias necesidades y vi a los candidatos por quienes eran, supe qué era de verdad necesario para el puesto... y «encajar» no estaba en la lista. Volví a evaluar con otros ojos a los candidatos a los que había entrevistado y había uno que era perfecto para el puesto, pero no había sabido verlo cuando lo juzgué según lo que me hacía exitosa a mí... una vara de medir injusta.

Entonces, pensé: «¿Cuántos candidatos habré pasado por alto?». Seguí mirando el estanque, incrédula y culpable. Me prometí que, a partir de entonces, lo haría mejor.

Empecé a examinar todos mis pensamientos relacionados con la manera en que evaluamos a los candidatos y a pensar en cómo podría ayudar a alguien a enfrentar mejor las entrevistas. Empecé a centrarme más en cómo entrevistamos y en cómo mejorar el proceso, tanto para quienes buscan trabajo como para quienes lo ofrecen.

A nadie le sorprendió más que a mí cuando le entregué mi carta de dimisión al director de la compañía. Quería empezar mi propio negocio.

## Conclusiones clave

- Una entrevista puede cambiarte la vida.

- Muchos reclutadores, profesionales de Recursos Humanos y encargados de selección no tienen formación en cómo entrevistar.

## Consejos de coaching

- Aunque mi historia sea poco convencional, aprendí mucho y descubrí increíbles lecciones de vida. El camino convencional no es el único. ¿Qué has aprendido de tu propio camino?

- ¿Qué lecciones aprendiste al principio de tu carrera que todavía aplicas en el presente?

- ¿Cuáles son tus sesgos en el proceso de entrevista? ¿Qué crees que alguien debe hacer o decir para ser percibido como cualificado?

# 2

# Cómo descubrí los cuatro estilos de entrevista

Cuando dejé mi trabajo corporativo en la primavera de 2011 para montar una consultoría, no tenía ni plan de negocio ni ningún cliente grande a la espera. No lo hice porque fuera a ganar un millón de dólares, sino porque sentía el ansia de mejorar el proceso de entrevista.

Mi primer cliente fue la Universidad de Temple. Conocía al decano porque había contratado a todos mis pasantes en su prestigioso programa de Gestión de Riesgos. Cuando supo que había abandonado el mundo corporativo para hacerme consultora, me pidió que rediseñara su Programa de Desarrollo Profesional y que enseñara habilidades para la entrevista. En nuestra primera reunión, me dijo: «Como has estado en ambos lados de la mesa, sabes lo que hacen bien y lo que hacen mal».

Tuve que crear el curso desde cero. Escribí un manual y un plan de estudios sobre cómo abordar una entrevista y diseñé un taller interactivo de tres horas sobre habilidades para la entrevista. Me dieron un montón de folletos desfasados que habían estado entregando a los alumnos desde los años ochenta. Mis años como reclutadora en el mundo corporativo me habían enseñado qué quieren los encargados de selección, pero, más allá de eso, no tenía mucho con que trabajar.

Investigué un poco y me di cuenta de que sencillamente no existían herramientas para enseñar habilidades para una entrevista. No había un libro de texto donde aprender a enfrentarlas. La mayoría de los libros se centraban solo en una cosa: cómo contestar las preguntas de una entrevista. Me propuse escribir un manual minucioso pero accesible que complementara mis clases. Al final, terminé con un documento lleno de buenos consejos, de todo lo que mis alumnos necesitaban saber, desde cómo vestir hasta cómo sentarse para parecer más seguros de sí mismos, pasando por las preguntas para las que de verdad tenían que prepararse.

Durante cinco años, me hice cargo, yo sola, de más de seiscientos alumnos y de doscientos clientes privados. Cada semana impartía tres clases de tres horas de habilidades para la entrevista; realizaba sesiones presenciales de veinte minutos en las que revisaba los currículums de los alumnos para editarlos, reescribirlos y darles formato; y grababa entrevistas simuladas de media hora para evaluar el desempeño de los candidatos. Además de trabajar con la universidad, también era consultora para las operaciones de reclutamiento de grandes empresas y formaba a cientos de encargados de selección al año. Fue como doctorarme en entrevistas.

Enseñé a miles de clientes cómo dar apretones de manos, cómo plantear excelentes discursos de presentación, cómo sentarse en una entrevista para parecer menos nerviosos. Reescribí miles de hojas de vida y acompañé a la gente mientras lloraba, se enojaba y trastabillaba durante sus entrevistas simuladas. Instruí a personas en cómo contestar a las preguntas más duras de una entrevista y en cómo negociar, y les ofrecí mis comentarios, desde efusivos elogios hasta absoluta decepción.

Mis clientes fueron desde los más exitosos y curtidos vicepresidentes ejecutivos con treinta años de experiencia en el mundo corporativo a sus espaldas hasta estudiantes universitarios de primer año cuya única experiencia laboral era servir helados durante el verano. Todos venían con historias distintas, pero el tema era el mismo:

«He tenido cinco entrevistas, pero no logro que me contraten».

«Tengo una entrevista dentro de poco, pero estoy aterrada porque no he ido a ninguna en una década y la última vez fue un fracaso total».

«¿Por qué me pongo tan nervioso?».

«No me siento cómoda hablando de mí misma».

«No me gustan las entrevistas».

«Las entrevistas se me dan mal y es imposible cambiar eso».

Tuve clientes que se sentían perdidos, inseguros, desafiantes, asustados, dubitativos y preocupados, pero todos tenían algo en común: querían desempeñarse mejor en las entrevistas porque ansiaban un trabajo o un ascenso que cambiara su vida.

Algunos clientes se esforzaban, se preparaban, mejoraban y lograban su objetivo; otros no eran buenos estudiantes, pero no tenía nada que ver con cuánto desearan el empleo. Era solo que yo no lograba entender qué no entendían. Estoy convencida de que todo profesor se enfrenta alguna vez a estas preguntas: ¿por qué no lo entienden?; ¿por qué no se esfuerzan? Algunos de mis alumnos ni siquiera leían mi manual de entrevistas.

En septiembre de 2016, organizamos una gran fiesta sorpresa

por las bodas de oro de mis suegros. La tía Lynda, que había viajado hasta la costa este para la fiesta, y yo estábamos sentadas en el jardín trasero en aquella perfecta tarde de otoño mientras observábamos comer a los peces koi en el estanque y nos poníamos al día. Lynda es una gran conversadora: escucha activamente, es interesante y hace excelentes preguntas porque su capacidad de asombro, su curiosidad y su entusiasmo son contagiosos. Era maestra, así que me preguntó qué tal me iba enseñando en la Universidad de Temple. Le conté lo que hacíamos en el programa, cuánto me gustaba poder ser la solución y ayudar a los alumnos y a los encargados de selección a aprender a abordar las entrevistas tras tantos años de estar al otro lado de la mesa.

Mi estilo no es para nada como el de Lynda. Yo soy directa, no me ando con rodeos e intimido a mucha gente. Soy entusiasta, pero no tengo la calidez maternal de Lynda. Le confesé que me estaba costando conectar con algunos de mis alumnos, daba igual lo que hiciera o cuánto los animara, algunos no llegaban preparados para la revisión de sus hojas de vida, seguían fracasando en sus entrevistas o no daban lo mejor de sí en sus pasantías. Me tomaba todo aquello como algo personal. No entendía por qué no hacían lo que se suponía que tenían que hacer.

Lynda, que siempre piensa en los demás, aventuró:

—¿Y si tienen un estilo de aprendizaje distinto? ¿Y si la forma en que enseñas no resuena con ellos? —Y continuó—: Cuando daba clases, recibimos una formación sobre los estilos de enseñanza y aprendizaje, y eso me ayudó mucho a ver las necesidades de los demás y a conectar mejor con mis alumnos. Cuando esté de vuelta en San Francisco, buscaré los documentos y te los mandaré.

Los documentos que Lynda me envió despertaron algo en mí, no podía dejar de pensar en este nuevo matiz. ¿Y si el problema era CÓMO estaba enseñando y no QUÉ estaba enseñando?

Los estilos de aprendizaje[1] se basan en una teoría postulada por Howard Gardner en su libro de 1983, *Estructuras de la mente: la teoría de las inteligencias múltiples*, donde afirma que «existen ocho tipos de inteligencia: musical, espacial, lingüística, lógico-matemática, corporal cinestésica, interpersonal, intrapersonal y naturalista». En esencia, esta teoría sostiene que quién eres tiene un efecto sobre cómo aprendes y cómo deberían enseñarte. Su filosofía pretende empoderar a los alumnos, no limitarlos.

Estuve ponderando esto durante mucho tiempo: «¿Quiénes son estos alumnos? ¿Quiénes son en las entrevistas? ¿Quién soy yo en una entrevista? ¿Y qué cambia esto? ¿Cómo afecta a la clase de consejo que les doy? Quizá la forma en que lo hago no es como lo harían ellos. ¿Por qué somos diferentes? Y, si somos diferentes, eso significa que tengo que dar consejos distintos a mis alumnos».

No sé si hubiera tenido esta revelación sobre los estilos de entrevista si no fuera por la conversación con Lynda. Antes de conocer la teoría de las inteligencias múltiples, me limitaba a aconsejar desde mi perspectiva, a decirle a la gente qué hacer con base en lo que me había hecho exitosa a mí, pero sin detenerme a considerar si lo que les estaba diciendo funcionaría también para ellos. Lynda me enseñó que lo que me había hecho exitosa no era necesariamente lo que haría exitosa a otra persona. Mi forma de hacer las cosas no tiene por qué funcionar para todo el mundo.

En aquel punto de mi carrera, mi negocio tenía ya seis años. Había sido consultora para empresas y había dado consejos que habían cambiado a organizaciones enteras con solo modificar el proceso de entrevista. Había enseñado a encargados de selección a entrevistar mejor y sus departamentos habían mejorado. Había incrementado la tasa de contratación en el departamento de Gestión de Riesgos de la Escuela de Negocios Fox de la Universidad de Temple de un 84 % a un 100 %. Los alumnos me agradecían la ayuda para conseguir sus pasantías y los clientes me atribuían el haber obtenido el trabajo de sus sueños. Había logrado lo que me había propuesto: estaba utilizando todo lo que había aprendido al otro lado de la mesa para ayudar a otras personas. Era un trabajo extremadamente satisfactorio, pero no estaba del todo satisfecha. Quería hacer más, quería ayudar a más gente.

Tuve a mi primer hijo en 2015. Mis prioridades y mi forma de ver el mundo cambiaron. Ser madre me ablandó y, a medida que empecé a entender a las personas por quienes eran, me volví más tolerante.

Cuando era reclutadora, tomaba decisiones rápidas con base en la forma en que alguien se comportaba en una entrevista. El tipo callado, el vendedor... si no hablaban lo suficiente, asumía que no estaban preparados; si hablaban demasiado, sería porque eran unos pesados. No profundizaba, no los tenía en cuenta. En retrospectiva, simplificaba y reducía decisiones complejas sobre seres humanos a manidos atajos mentales.

Cuando me hice coach, tuve la oportunidad de conocer de verdad a mis clientes. Mi trabajo consistía en preguntarles por qué les costaba abrirse o por qué enfocaban las entrevistas como lo hacían. Dejé de lado mis creencias preconcebidas y escuché. Al hacerlo, aprendí mucho de ellos.

Me decían que se sentían incómodos compartiendo sus historias porque eran asuntos íntimos y no se abrían a cualquiera en los primeros cinco minutos de conversación. Entonces, entendí que no tenía nada que ver con cuánto quisieran el trabajo o cuán cualificados estuvieran.

Otros me decían que no querían preparar lo que iban a decir porque se sentían mejor cuando improvisaban; el proceso de preparación se sentía antinatural, demasiado guionizado. Entonces, me di cuenta de que lo que querían era sentirse de una forma determinada durante su entrevista y que eso no significaba que su enfoque fuera incorrecto.

En nuestra sociedad, cuando se enseña a alguien a abordar una entrevista, se asume que solo existe una manera de hacer las cosas; pero también es algo ambiguo: nadie puede especificar cuál es. Sencillamente «lo saben cuando lo ven». Como coach de desarrollo profesional, escuché decir esto una y otra vez a clientes que se guiaban según algún patrón imaginario.

Cuando enseñaba a los encargados de selección a evaluar candidatos, se sentían perdidos porque no sabían cómo hablar de ellos o de su experiencia en la entrevista. Creían que el candidato adecuado tenía que comportarse de una cierta forma y, cuando no lo hacía, se frustraban porque sentían que les faltaba algo. Igual que yo, hace tantos años.

Como coach, ahora me daba cuenta de que los encargados de selección y los candidatos tenían las mismas dificultades: todo el mundo creía que había algún estándar, pero ninguno sabía cuál era.

Quería encontrar la manera de resolver este problema. ¿Cómo hacer el proceso de entrevista menos ambiguo? ¿Cómo superar la idea de que existe una sola forma de entrevistar?

Entonces, se me encendió la bombilla. ¿Y si existe más de una forma de hacerlo? ¿Y si, como en la teoría de las inteligencias múltiples, existen múltiples estilos de entrevista? ¿Y si el principal motivo por el que algo no nos cuadra en una entrevista no es porque la persona no esté cualificada, sino porque creemos compartir con ella unos mismos criterios y en realidad no lo hacemos? ¿Y si nuestras creencias sobre cómo debe comportarse alguien en una entrevista son distintas?

## Un enfoque más científico

Dada mi formación en psicología, reclutamiento y coaching, estaba en una posición perfecta para investigar y tratar de llegar al fondo del asunto. Le pedí permiso a la universidad para recolectar información y realizar una investigación formal.

Aquella primavera, en 2017, quedé embarazada de mi segundo hijo. También diseñé la evaluación de estilos de entrevista y la puse a prueba. Reuní a amigos, familiares y exalumnos para que la realizaran y me dieran su opinión. El diseño es un proceso reiterativo, así que dedicaba mis días a escribir, ajustar y trabajar. Estaba embarazada de una idea y de una bebé, y las dos ocupaban la totalidad de mi día. Me pasé el verano poniéndome cada vez más grande. Me despertaba de madrugada o al romper el alba con náuseas, y me estabilizaba investigando cómo la gente abordaba las entrevistas. Esto me hizo descubrir una forma de categorizar cómo entrevistamos. La evaluación de los estilos de entrevista probó mi hipótesis de que no todos lo hacemos igual, y ahora tenía datos y un lenguaje para formalizar la manera en que hablamos de esta práctica.

Aquel otoño, introdujimos la evaluación de estilos de entrevista como la primera parte de un curso de desarrollo profesional en nueve pasos que impartía. Mis alumnos tenían que realizar una prueba de diez minutos para recibir su Perfil de Entrevistología, que haría la función de libro de texto del curso. Armé a mi equipo de entrevistas simuladas con los estilos de entrevista y les pedí que registraran qué impresión les daba cada alumno para así poder comparar eso con los resultados de su evaluación de estilos de entrevista y verificar que los datos que estos habían aportado fueran correctos. Descubrimos que la evaluación detectaba los

mismos matices que mis entrevistadores y que los alumnos afir-
maban que sus perfiles eran muy precisos. Empezaron a verse representados y se sentían validados.

Bauticé esto como «Perfil de Entrevistología». En el proceso,
descubrí que no había una forma única de entrevistar, sino cuatro. Las llamé Seductor, Desafiador, Analista y Conciliador. Este
descubrimiento me condujo a crear una clasificación para diag-
nosticar cómo alguien enfrenta una entrevista, lo que ofrece un
lenguaje común y brinda autoconsciencia a mis clientes.

Tiré a la basura el manual de *Cómo entrevistar* que había escrito
en 2011 y empecé a utilizar los perfiles de Entrevistología perso-
nalizados de los alumnos para enseñarles a abordar las entrevistas.
A mis alumnos les encantaban sus perfiles de Entrevistología porque les señalaban lo que tenían que trabajar: se sentían validados.
Un alumno incluso me dijo: «No sabía que otras personas aborda-
ban las entrevistas como yo. Creía que era el único». Asimismo,
me facilitó el trabajo de coach porque esto me daba información
sobre sus personalidades y sobre qué aspectos tenían que trabajar. También redujo el tiempo que necesitábamos para conocerlos
durante el proceso formativo, lo que nos permitió ayudarlos más
deprisa, y nos dio a los formadores información valiosa sobre nosotros mismos y sobre cómo entrevistamos. Pensé que a los encargados de selección también les iría bien tener un perfil.

Entonces, mientras realizaba una de consultoría en una empresa mediana para enseñar a sus ejecutivas a liderar, añadimos el
Perfil de Entrevistología al programa y lo pusimos a prueba en los
encargados de selección. Sus perfiles de Entrevistología nos dieron una clasificación, una forma de organizar las preferencias de
cada uno. Por fin tenía la herramienta que había ansiado durante
tantos años: un lenguaje formal que podía utilizar para pensar y
hablar sobre cómo se enfrenta alguien a una entrevista.

Tras recibir los resultados de mis clientes, hablé personalmente con más de 180 de ellos. Reescribí, sinteticé y añadí cosas al Perfil de Entrevistología con base en lo que me dijeron. Esto me obligó a poner en duda todas mis creencias preconcebidas, me sacó de mi zona de confort y me enseñó que, durante todos aquellos años en que me había sentido una experta, en realidad sabía muy poco sobre el proceso de entrevista. Aquella investigación fue la culminación de todas mis habilidades y experiencia, de años de tomar decisiones precipitadas como reclutadora y otros tantos conociendo a mis clientes como coach. Fue fascinante, revelador y cautivador.

Mi hija nació durante una ventisca una noche de enero y, tres días más tarde, di a conocer al mundo la página web del Perfil de Entrevistología. Dos nacimientos al mismo tiempo.

Este Perfil se convirtió en el primer paso del proceso de coaching sobre la entrevista con todos nuestros clientes. Recopilé las evaluaciones de cada persona y me obsesioné con dos parámetros: ¿era precisa?; ¿era útil?

Cada persona que pasaba por la evaluación declaraba que era o «muy precisa» o «extremadamente precisa». Mi experiencia enseñándola en persona reflejaba que los estudiantes alcanzaban un mayor conocimiento de sí mismos, los encargados de selección la consideraban esclarecedora y mis coachs ya no podían imaginarse su trabajo sin ella.

Cuando más de 2000 personas habían realizado la evaluación de estilos de entrevista, dispusimos de suficiente información para probar si alcanzaba los estándares de confiabilidad de datos de la Asociación Estadounidense de Psicología. Mi experiencia me decía que mis clientes la consideraban muy precisa, pero eso era solo anecdótico. El último paso consistía en verificarla utilizando los estándares más estrictos posibles. Así que, en la primavera de

2020, contraté al Assessment Standards Institute (Instituto de Estándares de Evaluación o ASI) para validar nuestra evaluación de estilos de entrevista. El ASI goza de reconocimiento internacional por sus más de cuarenta años de experiencia en la evaluación de datos. Tienen la capacidad probada de comprender los constructos de evaluación y utilizar las estadísticas para validar la fiabilidad de los datos, la validez de los constructos y el impacto dispar[2]. Esperé ansiosa a que evaluaran mis datos.

Iba en el carro manejando sin rumbo, porque mi hijo de cinco años se había quedado dormido mientras hacíamos mandados y quería dejarlo descansar, cuando sonó el celular. Era el ASI. Llevaba esperando su llamada toda la semana... bueno, de hecho, llevaba esperando su llamada toda mi carrera. Me estacioné y contuve el aliento. Hablamos de trivialidades y, entonces, los doctores Koerner y Watson me felicitaron: habíamos alcanzado los estándares APA de fiabilidad. Desde abril de 2020[3], casi tres años exactos desde el día en que la redacté, mi evaluación de estilos de entrevista está científicamente probada y verificada.

En 2023, tras haber triplicado nuestra base de datos, volví a contratar al ASI para poner a prueba la confiabilidad de datos, la validez de los constructos y el impacto dispar. Y, de nuevo, cumplimos con los estándares y recibimos el certificado de verificación independiente. Lo importante de esto es que, a pesar de que yo ya sabía que había cuatro estilos definidos de entrevista, la evaluación de validez de constructos prueba mi hipótesis y, por lo tanto, que la tesis en la que se basa Entrevistología es cierta. Esto le da credibilidad a este trabajo y nos permite decir que de verdad es «la nueva ciencia de la entrevista».

Lo que sigue ahora es el resultado de mi investigación. Basándome en mi evaluación del Perfil de Entrevistología científicamente probado, a lo largo del resto del libro profundizaré en los cuatro estilos para que descubras tu forma de abordar las entrevistas.

## Conclusiones clave

- Entrevistar mejor no se trata de QUÉ haces, sino de CÓMO lo haces.

- Cuando formas y enseñas, antes de dar consejo u ofrecer soluciones, tienes que entender quién es tu cliente, porque lo que sirve para ti no sirve para todo el mundo.

- La clave de una excelente preparación para una entrevista no es llevar el traje adecuado, es conocerte a ti mismo. Para ayudar a más clientes, diseñé una herramienta de evaluación que sirve para alcanzar una mayor comprensión de ti mismo, entender cómo te perciben los demás y encontrar formas de mejorar esa percepción.

## Consejos de coaching

- ¿Dónde ha dejado de funcionar tu enfoque y te has estancado, como lo estuve yo? ¿En qué momento has insistido en que tu forma de hacer las cosas es la correcta, aunque ya no te sirva? Quizá sea hora de cambiar tu enfoque, de hablar con alguien que tenga una opinión contraria a la tuya y de considerar otro camino.

# Por qué es importante conocer tu estilo de entrevista

L as entrevistas son, por mucho, el proceso más habitual para conseguir una pasantía, un trabajo o un ascenso, y se prevé[1] que continúe siendo así a pesar de los avances tecnológicos y de las herramientas basadas en inteligencia artificial. Para quienes buscan trabajo, el éxito en una entrevista determinará las oportunidades disponibles. Para las compañías, las entrevistas son igual de cruciales, pues en estas se toman las decisiones de negocios más importantes. La persona que contrates tendrá un impacto en tu equipo, en tu departamento y en la cultura de tu organización. Una mala contratación[2] puede afectar enormemente el éxito de tu equipo y la eficiencia en la toma de decisiones, además de reducir los beneficios y los dividendos de los accionistas.

Conocer tu estilo de entrevista te ayuda a entender cómo dejar huella, cómo hacer que la gente te perciba como cualificado (o determinar qué hace que otra persona lo parezca) y qué priorizas en una entrevista.

El objetivo de la Entrevistología es abrir el debate sobre nuestros enfoques únicos y ofrecer un lenguaje formal para hablar de cómo realizamos las entrevistas, pues ¿no es curioso que las decisiones de negocios más importantes ocurran en ellas y que, sin embargo, no dispongamos de un lenguaje formal para hablar del desempeño de alguien en una?

Mi objetivo es que pasemos de decir cosas como «No me gustó ese candidato» a «Soy un Conciliador y se me cruzan los cables cuando un candidato empieza por preguntarme sobre asuntos delicados sin establecer primero una relación de confianza». A menudo, el estilo de entrevista de alguien puede ser un obstáculo para que lo contraten y, como responsables de selección, debemos tener en cuenta el estilo de entrevista del candidato y cómo interactúa con el nuestro. Quizá preguntar sobre asuntos complicados es su forma de hacer que alguien los considere competentes. Que alguien no haga las cosas como tú las harías en una entrevista o no termine de caerte bien, no significa que no vaya a ser un excelente trabajador.

Con frecuencia, nuestras primeras impresiones son erróneas, así que el desempeño de alguien en una entrevista no siempre es un buen indicador de si es capaz de hacer el trabajo o no. ¿A cuántos introvertidos conoces a quienes les gusten las entrevistas? Eso no significa que no puedan ser fantásticos trabajadores.

## FUNDAMENTO DE ENTREVISTA PARA ENCARGADOS DE SELECCIÓN

A menudo, nuestras primeras impresiones son erróneas, así que el desempeño de alguien en una entrevista no siempre es un buen indicador de si es capaz de hacer el trabajo o no.

## El proceso de selección es profundamente imperfecto

Hay mucho en juego, pero como habrás descubierto en mi historia, seguimos abordando mal el proceso de la entrevista... en ambos lados de la mesa. Más del 90 % de los encargados de selección con los que trabajo me han dicho que, como yo, nunca recibieron ninguna formación para aprender a entrevistar. Investigadores como David S. Pedulla[3], en su libro *Making the Cut* —título imprescindible sobre la situación actual de las contrataciones en el mundo corporativo—, han demostrado que no existe un método formal de entrevista, ni ningún lenguaje o herramienta aceptados, así que esta práctica se ha visto reducida a algo que los encargados de selección tienen que descubrir por sí mismos. Con el fin de prepararse para una entrevista, buscan en Google, improvisan o imitan a otros. Esto da como resultado que los encargados de selección estén mal preparados y tomen decisiones de contratación costosas que dejan demasiado margen para el sesgo. Y la situación de quienes buscan trabajo no es mucho mejor, dado que gran parte de los consejos que reciben han sido escritos por las mismas personas que tienen estos sesgos.

Nuestras organizaciones[4] no representan la composición real de nuestra sociedad. Las mujeres y las personas negras no tienen acceso a las salas de juntas ni a puestos de alta dirección. La diversidad debería ser un incentivo de negocio, pues las organizaciones diversas tienen un mejor desempeño en todas las métricas que importan a los accionistas; sin embargo, nuestros sesgos mantienen la diversidad al mínimo.

Da igual cuán comprometida esté una empresa o cuánto dinero gaste en cursos de diversidad, equidad e inclusión si no está formando a sus encargados de selección para entrevistar con una mentalidad más abierta, porque el único lugar donde una organización puede volverse más diversa es en la mesa de entrevistas. Si sus encargados de contratación están seleccionando al personal y reforzando positivamente ciertos comportamientos desde una perspectiva sesgada, crearán organizaciones igual de sesgadas y una plantilla que, en lugar de representar a la sociedad, representa su sesgo.

### FUNDAMENTO DE ENTREVISTA PARA ENCARGADOS DE SELECCIÓN

Si los encargados de contratación[5] de la empresa están seleccionando al personal y reforzando positivamente ciertos comportamientos desde una perspectiva sesgada, crearán organizaciones igual de sesgadas y una plantilla que, en lugar de representar a la sociedad, representa su sesgo.

Tanto para los candidatos como para los encargados de selección, es difícil tomar decisiones complejas sobre otra persona en la breve interacción que supone una entrevista. Según la científica conductual Pragya Agarwal[6]: «El cerebro es capaz de procesar aproximadamente once millones de bits de información por segundo, pero nuestra mente consciente solo puede lidiar con cuarenta o cincuenta de esos bits. Está claro que la mayoría de nuestro procesamiento ocurre en el subconsciente». Para ayudarnos a procesar el resto de la información, nuestro subconsciente se apoya en atajos llamados heurísticas, que son generalizaciones que hacemos con base en patrones que hemos observado. Con tanto que asimilar en tan poco tiempo, es normal que recurramos a la ayuda de la heurística.

Pero en lo que se refiere a buscar trabajo o contratar a alguien, nuestra heurística es un obstáculo. Habrás visto miles de estos artículos: «El director de esta compañía utiliza la mejor pregunta de entrevista para descubrir si el candidato vale para el puesto»; «El director de esta compañía conoce *la* pregunta que revelará si debes contratar a un candidato». Estoy segura de que habrás escuchado la leyenda urbana del encargado de selección que se lleva al candidato a comer y lo observa para ver si le echa sal a la comida antes de probarla y luego decide si contratarlo o no según lo que haya hecho. He trabajo con directores de empresas y con organizaciones que utilizan esta clase de atajos o que albergan creencias similares a mi propia insistencia de «encajar» con los candidatos.

En una ocasión, me encontré con el director de una empresa en un restaurante, y mientras esperábamos que nos asignaran una mesa, entablamos conversación. Cuando supo a qué me dedicaba, se acercó a mí y me dijo:

—¿Quieres saber *la* pregunta que les hago a todos mis candidatos? Si fueras un crayón, ¿de qué color serías y por qué? —Sacó pecho y esperó mis alabanzas, pero yo le contesté:

—¿Y por qué preguntas eso? ¿Qué tiene que ver con el puesto para el que estás contratando? Buscas fontaneros y electricistas, ¿no? ¿Qué te dice eso sobre lo bien que harán su trabajo? Entiendo que estás tratando de descubrir su personalidad, pero existen maneras de hacerlo mucho mejores que esa.

Decir que conoces *la* pregunta o *el* proceso solo significa que estás contratando de forma sesgada, que no haces más que confirmar la cultura que quieres crear. Solo contratas los crayones rojos.

Si eres encargado de selección y crees que has alcanzado la perfección, o eres un novato (no llevas en esto el tiempo suficiente para haber cometido grandes errores), o eres arrogante, o ambas. Como yo hace tantos años, cuando era directora de talento. Creía que lo sabía todo hasta que descubrí que no hacía más que contratar según mi heurística. Era un método rápido, confiable y efectivo... o eso pensaba. Sabiendo lo que sé ahora, veo que me limitaba a contratar siempre a la misma persona. Confiaba en lo que llamaba «mi instinto», pero ahora sé que no es más que un sesgo implícito. Tomar decisiones apresuradas parece efectivo cuando tienes que cubrir treinta vacantes, pero ahora soy consciente de que era un comportamiento de mentalidad cerrada.

## Por qué nuestro privilegio importa

A pesar de que mi infancia fue traumática y de que mi historia sea triste, su desarrollo y el de mi vida en general, hubiesen sido totalmente distintos de haber sido una persona de color o de haber vivido en el norte de Filadelfia, en Luisiana, en el centro de Chicago, en los Apalaches —donde la tasa de abandono de la escuela secundaria duplica la media nacional— o en cualquier otro lugar que no fuera aquel suburbio de clase media alta de Maine que goza de una de las mayores tasas de graduación de todo el país. En Maine era casi imposible no graduarse.

Puedo enorgullecerme de no haber dejado los estudios y de haber trabajado duro, pero eso no quita que, vista con perspectiva, mi vida ha sido fácil. Aunque mi abuelo sufriera una embolia y me dejara sola a los dieciséis años, hasta ese entonces los tuve a él y a mi abuela, ambos estables, mentalmente saludables, con estudios universitarios y de clase media alta. No puedo ignorar todo eso.

Mi historia y quién soy hubiesen sido totalmente distintas de no haber gozado de todo ese privilegio. Estaba rodeada de redes de apoyo y me crie en una familia donde todo el mundo tenía estudios superiores. Nunca pensé que la universidad estuviera fuera de mi alcance o que me fuera imposible acceder a una buena educación. ¿Y si hubiera sido una inmigrante de primera generación tratando de orientarme en mi segunda lengua en el proceso de inscripción universitaria y en los formularios financieros? Sabía cómo aplicar a las universidades de la Ivy League porque había visto a muchísima gente hacerlo. Fui más el resultado de mi entorno y de la riqueza generacional que de mi propia capacidad de «buscarme la vida».

Sería corto de vista, injusto e ignorante decir que soy quien soy gracias a mi valor y por haber remado a contracorriente. No nos engañemos: tenía las cartas a mi favor por ser una mujer blanca. Cuando pienso en mi camino en este contexto, me doy cuenta de cuánta ayuda invisible tuve. ¿Me habrían admitido en Penn si no hubiese tenido el aspecto que tengo? ¿Me habría siquiera planteado aplicar a Penn si no me hubiese criado donde lo hice?

En el mundo, hay gente a la que discriminan por multitud de motivos, incluso por algo tan sencillo como el nombre en una hoja de vida. Por ejemplo, en un estudio multitudinario, unos investigadores mandaron currículums idénticos a empresas en Boston y Chicago donde solo cambiaba el nombre del candidato. Algunos iban firmados con nombres tradicionalmente asociados a personas negras, como Tamika, Aisha, Rasheed y Tyronne; y otros, con nombres típicos de personas caucásicas, como Brendan, Greg, Emily y Anne. Descubrieron[7] que una persona negra necesita aplicar a quince puestos para que la citen a una entrevista mientras que una caucásica, solo a diez, lo que demuestra el sesgo implícito de los reclutadores. No pretendo mejorar el proceso de entrevista para la gente como yo, sino para los silenciados, para quienes dejamos atrás, para quienes no gozan de las oportunidades y la ayuda que tuve yo.

Contratar bien supone entender que el proceso está plagado de sesgos implícitos y de racismo sistémico, que el sistema solo funciona para algunos. Supone entender que las pasantías no remuneradas no implican igualdad de oportunidades porque solo la élite puede permitirse trabajar gratis. Así que juzgar un currículum solo con base en la experiencia laboral no es justo porque nuestras experiencias de trabajo no son las mismas. Algunos, como yo, tuvieron que trabajar para pagarse la universidad. Otros, tuvieron padres que les pagaron los estudios, así que pudieron permitirse aceptar pasantías mal pagadas o estudiar en el extranjero durante un semestre. El sistema que utilizamos para determinar el talento no tiene nada de esto en cuenta.

La disparidad salarial y de oportunidades no acaba ahí. Desigualdad salarial, oportunidades de ascenso… la lista es interminable; por no hablar de quienes tratan de encontrar trabajo tras haber estado en la cárcel; las probabilidades[8] de conseguir un empleo y mantenerlo tras haber cumplido una condena son del 33 %. Como sociedad hacemos un trabajo terrible a la hora de asegurar que todo el mundo tenga una oportunidad.

La representación y la diversidad importan porque son lo correcto. La diversidad no se trata más que de crear organizaciones que reflejen nuestra sociedad. Una compañía diversa se crea formando a los encargados de selección para que sean más abiertos de mente, pues la mesa de entrevista es dónde decidimos a quién contratar y, por lo tanto, qué tan diversa será nuestra compañía.

Si queremos ser mejores reclutadores, encargados de selección o jefes, debemos tener todo esto en cuenta: que la mayoría de los profesionales en Recursos Humanos son mujeres blancas y la mayoría de los ejecutivos son hombres blancos, y que el lugar de donde ellos vienen no es el mismo de donde viene el resto del mundo. E, incluso, si tu vida ha sido dura, de la misma forma que la mía, la mayoría de nosotros somos inmensamente privilegiados. Nada cambiará en el proceso de entrevista hasta que reconozcamos esto.

## El poder de la autoconsciencia

La autoconsciencia es el producto de la alineación de tus palabras con tus acciones. En psicología se le llama congruencia y tiene lugar cuando tu autoevaluación es consecuente con tus actos.

Creo que la autoconsciencia es el componente más importante de una excelente entrevista; es la clave para reconocer y desmantelar el sesgo generalizado que nos pone a todos en desventaja, y también para que los candidatos mejoren su desempeño. Debería ser tu principio guía, ya seas candidato, estudiante universitario, encargado de selección o una compañía. Alcanzar la autoconsciencia no es fácil —hay estudios que muestran[9] que solo entre un 10 % y un 15 % de la gente es verdaderamente autoconsciente—, pero esa es la magia de los cuatro estilos de entrevista del Perfil de Entrevistología. Conocer tu estilo es el primer paso para alcanzar una autoconsciencia mucho más profunda.

Así como no todos abordamos las entrevistas de la misma forma, no todos tenemos la misma historia y, por supuesto, no venimos de la misma situación con las mismas oportunidades. Formar nuestra autoconsciencia, ya sea a través del conocimiento de nuestro estilo de entrevista o de la reflexión profunda sobre nuestra historia personal o nuestros sesgos, nos permite no solo abordar mejor las entrevistas, sino también tomar mejores decisiones sobre lo que queremos.

Según la psicóloga organizacional Tasha Eurich[10]: «Los estudios sugieren que cuando nos percibimos con claridad, tenemos más confianza en nosotros mismos y somos más creativos. Tomamos mejores decisiones, construimos relaciones más fuertes y nos comunicamos de forma más efectiva... Somos mejores empleados y obtenemos mejores ascensos. Somos líderes más efectivos con empleados más satisfechos y compañías más rentables». La autoconsciencia es poderosa.

## Para quienes buscan trabajo

Los consejos convencionales para una entrevista a menudo se reducen a ser puntual y recitar respuestas óptimas a preguntas complicadas, pero yo nunca lo he visto así. Me di cuenta de que el problema de mis clientes era la falta de autoconsciencia, no la incapacidad de memorizar la respuesta perfecta. No necesitaban un guion, sino un espejo, es decir, percatarse de la impresión que daban. Necesitaban ayuda para entender quiénes eran.

Todos tenemos una idea aproximada de la impresión que damos y, en una entrevista, somos hiperconscientes de ella. *¿He dado la impresión que quería? ¿Habrán pensado que quería decir otra cosa? Ojalá no me hayan malentendido.*

Todos necesitamos que nos escuchen y nos entiendan, pero las dinámicas de las entrevistas tradicionales no lo facilitan. Cuando hay en juego algo tan importante como un empleo, es normal dudar de uno mismo. Si no estás bien preparado o no te conoces del todo, a menudo te sentirás perdido. Conocerte es como la luz de un faro porque, sin importar cuán extraña, difícil o intimidante sea la situación, puedes confiar en tu autoconocimiento. No te hace falta memorizar las respuestas perfectas, no tienes que depender de lo que crees que debes decir. Tu seguridad viene de lo más auténtico que existe: tú.

Entender en profundidad quién eres no es fácil. La buena noticia es que, si buscas trabajo, las tareas de preparación habituales

—como actualizar tu currículum, practicar preguntas de entrevista e investigar sobre lo que quieres en tu nuevo puesto— son muy buenos ejercicios para construir tu autoconsciencia. Pensar en cómo promocionarte, hacerte notar y pedir recomendaciones y referencias es una gran práctica de vulnerabilidad. Durante la búsqueda laboral tienes que soportar mucha incertidumbre. Es un momento maravilloso para alcanzar cierta claridad sobre quién eres y qué quieres. La autoconsciencia a menudo se divide en dos clases: la interior y la exterior, y las entrevistas desarrollan ambas. Internamente, te enfrentas con sentimientos y pensamientos sobre ti mismo y tu carrera. Con la autoconsciencia externa, percibes mejor la impresión que das y cómo se alinea con tus intenciones. Conocer tu estilo de entrevista te ayudará con ello. Revelará claramente qué priorizas en una entrevista para que puedas prepararte mejor, aprovechar tus fortalezas y venderte. También aprenderás sobre el resto de los estilos para poder cambiar tu enfoque y acomodarlo a la persona que te esté entrevistando.

## Para los estudiantes universitarios

Uno de los aspectos más complicados de presentarse a una entrevista como estudiante universitario es que ya de por sí se está bajo una tremenda presión por encajar y seguir la corriente. Una entrevista exige que me cuentes quién eres, no quiénes son tus amigos o cómo te identificas respecto a un grupo, a tu clase o a tu carrera universitaria. La preparación para la entrevista es el momento de enfrentarte a las decisiones que hayas tomado e identificar por qué hiciste lo que hiciste, cómo llegaste donde estás y por qué quieres ir a donde quieres ir. No podrás contestar a estas preguntas si estás pensando en ti como parte de un grupo o, peor aún, preocupada por lo que dirían tus hermanas de la sororidad.

La autoconsciencia te ayudará a contestar preguntas como

«¿Podrías decirme por qué escogiste tu carrera? ¿Sabrías explicar por qué quieres trabajar en esta industria?», no con respuestas precocinadas, sino con reflexiones profundas y bien elaboradas.

Conocer tu estilo de entrevista también puede darte la confianza para compensar tu falta de experiencia profesional. Armado con el conocimiento de quién eres, puedes dar una impresión auténtica. Presentarte con orgullo y seguridad te pondrá en la cúspide de las listas de entrevistas. A menudo, los estudiantes universitarios dudan de tener algo que ofrecer y se preguntan por qué deberían contratarlos, cayendo en la trampa mental de no saber quiénes deberían ser ni cómo presentarse. Conocer tu estilo de entrevista te dará una base que te permitirá ser tú mismo sin tener que fingir ser cualquier otra cosa.

## Para los encargados de selección

Sé que crees que puedes entrevistar limitándote a «conversar» con los candidatos porque «solo quieres conocerlos». Sé que estás muy ocupado y que lo último en lo que puedes perder el tiempo es en crear un protocolo de entrevista, solo quieres contratar a alguien y ya. Pero, y escúchame bien, si haces eso —contratar a alguien y ya—, no estarás solventando el problema, sino creando uno más grande. Si haces las cosas así, es mucho más probable que contrates a la persona equivocada, lo que te costará más tiempo y dinero que haber creado un protocolo de entrevista desde el principio. Se estima[11] que una mala contratación puede costarle a la empresa entre 17 000 y 224 000 dólares por persona en productividad perdida y horas de formación. No vale la pena estar mal preparado.

Lo que te interesa no es contratar a cualquiera, sino contratar a la persona adecuada, y existe una forma científica de hacerlo. Sabemos que la ambigüedad conduce a los sesgos, así que, cuanto más estructuradas estén tus entrevistas, mejores y más diversos podrán ser tus empleados. Antes de la entrevista, es necesario preparar preguntas adecuadas relacionadas con el puesto y planteárselas de la misma forma a todos los candidatos.

Hay muchos estudios que demuestran que a menudo nos dejamos llevar por la belleza; se trata del efecto halo[12], que es la tendencia a juzgar a alguien con base en nuestra opinión sobre una sola cualidad, y del efecto *like me*[13], que es la predisposición a preferir a la gente similar a nosotros. Si quieres evitar tomar decisiones sesgadas, empieza por conocer tu estilo de entrevista. Esto te mostrará cuáles son tus prioridades y qué priorizas en los candidatos, y revelará cómo tu enfoque afecta la manera en que juzgas a los demás. También puedes escribir qué quieres en un candidato antes de las entrevistas (para que así no te seduzcan las primeras impresiones) y asignarle a alguien la tarea de hacerte responsable de cumplirlo. Esto es clave[14], pues el principal impedimento para la autoconsciencia de un encargado de selección es su poder. Los estudios demuestran[15] que los líderes de más edad y la gente con poder tienen puntos ciegos porque carecen de un grupo de iguales que los haga responsables de sus actos. Esto se debe a que, cuanto más poder tienes, menos probable es que la gente te critique. En definitiva, encuentra gente en quien confíes para que te haga responsable de tus actos.

También deberías practicar antes de la entrevista. Cuantas más entrevistas hagas, mejor serás en ellas, y eso también incluye a los encargados de selección. La persona promedio busca trabajo[16] de seis a nueve meses y puede asistir hasta a treinta entrevistas. Si eres un encargado de selección con poca rotación en la empresa, quizá entrevistes a dos personas al año. Esto significa que el candidato tiene más experiencia en la mesa de entrevista que tú. Es necesario que entiendas esto y reconozcas cómo afecta a tu forma de entrevistar. Aunque sea cierto que tienes el «poder» en la entrevista, la dinámica viene a ser la misma que la de un instructor de manejo haciendo de copiloto de un adolescente de quince años: sí, tienes el poder y estás en el asiento del conductor, pero eso no significa que sepas lo que haces.

Debes prepararte adecuadamente, tener un procedimiento y un plan que hayas practicado y que ejecutes a rajatabla. No asumas que solo por saber cómo se hace el trabajo sabes entrevistar para él. Los mejores expertos técnicos que conozco no son buenos entrevistadores. Ni se te ocurra pensar que el hecho de tener el poder te hace bueno: te vuelves bueno practicando, contratando a un puñado de gente que no vale y aprendiendo de ello. No hay otra forma. Si crees que has alcanzado la perfección, te equivocas.

## Para las compañías

Una compañía no es más que un grupo de personas. Lo grupos de personas tienen valores e ideas que quieren mantener a salvo de otros grupos de personas. Como las personas, las compañías pueden carecer de autoconsciencia. En el caso de una compañía, la autoconsciencia externa es cómo se ven desde fuera y la interna es cómo se siente trabajar ahí.

Es habitual que la imagen que da una compañía de sí misma no se corresponda con la experiencia de trabajar en ella. Puede tener buenas intenciones, una misión fuerte, valores y objetivos, pero si fueron creados por ejecutivos demasiado alienados con el día a día, pueden sentirse más como decretos corporativos que como un reflejo del verdadero espíritu de la organización; como una desconexión.

¿Cómo puede una organización comprobar su autoconsciencia? El primer paso es recopilar datos. Los estudios demuestran que, para lograr que alguien entre en acción, es necesario darle a conocer los datos que demuestran que forma parte del problema. Evalúa los estilos de entrevista de todos tus encargados de selección y recopila información para ver si contratan a la misma persona una y otra vez.

También puedes crear una organización más horizontal para limitar el poder de cada individuo, pues este va en detrimento no solo de su propia autoconsciencia, sino también de la autoconsciencia de la compañía.

Empodera a todo el mundo a través de la toma de responsabilidad y reduce al máximo la toma de decisiones importantes fuera de contexto, especialmente en las entrevistas. Crea equipos de encargados de selección diversos que tengan que alcanzar un consenso. Crea una cultura donde la diversidad importe y los procesos la incrementen.

Igual que una persona autoconsciente, una empresa autoconsciente atrae a nuevos empleados porque sabe quién es, no es perfecta ni pretende serlo, y se esfuerza por hacer lo correcto, pero acepta sus errores. Queremos trabajar en lugares donde podamos ser humanos y queremos sentir que a nuestras compañías las dirigen seres humanos.

## La ciencia detrás de la evaluación

Era muy importante para mí que nuestra evaluación de los estilos de entrevista fuese científicamente sólida. Podemos enorgullecernos de tener una distribución de datos normal y ratificada por la prueba de validez de constructos llevada a cabo por ASI, lo que significa que no existen sesgos de género, raza o edad en los estilos de entrevista.

El objetivo general de la evaluación de los estilos de entrevista es educar a las personas respecto a las suposiciones que hacen con base en el estilo de entrevista de otra persona. Es una herramienta avalada por la ciencia y la estadística, que sirve para ofrecer claridad y reducir la cantidad de suposiciones, lecturas de mente y ambigüedades en el proceso de contratación. La reducción de la ambigüedad también disminuye la toma de decisiones sesgada que de costumbre se apoya en corazonadas, en seguir la corriente o en la confianza en comportamientos pasados. Además de provocar sesgos, estos enfoques no son consistentes a la hora de conseguir el trabajo adecuado o contratar a la persona correcta.

Hasta ahora, nunca ha existido un sistema, un lenguaje o un protocolo de entrevista aceptado. ¿Conocer los estilos de entrevista es todo lo que se necesita para solucionar nuestros imperfectos procesos de contratación? No. Pero es una parte de la solución. La otra es estandarizar el proceso de entrevista, crear sistemas que reduzcan los sesgos y educar a las personas en cómo la forma en que hemos hecho las cosas hasta ahora afecta la productividad y, a la postre, el éxito.

En mi organización no solo capacitamos a los encargados de selección en la manera de entrevistar, sino que también les enseñamos los datos. Evaluamos sus estilos de entrevista, y eso nos da una visión general de la composición cultural de la empresa. Entonces, les preguntamos si sus datos reflejan la población general o si están sesgados.

Si algo sabemos sobre la capacitación en diversidad, equidad e inclusividad es que la única que tiene éxito es la que da información objetiva. Es necesario que nos enfrentemos al efecto que tienen nuestras decisiones en la cultura en general. Debemos vernos como parte del problema antes de actuar o cambiar algo.

En una entrevista[17] en el canal PBS, Anthony Greenwald, el padre del test de asociación implícita que reveló que entre 70 % y 75 % de la población estadounidense tiene algún sesgo, señaló la falta de pruebas científicas como el error clave en las capacitaciones actuales sobre diversidad y sesgos implícitos. Sin datos, dijo, es posible que la capacitación «se implemente sin conseguir nada en absoluto». No se puede resolver un problema sin entenderlo en profundidad, y los datos son la forma más precisa de definirlo.

Con los estilos de entrevista, podemos utilizar información objetiva para examinar los sesgos de una organización. Por ejemplo, los datos recogidos de quienes han realizado la evaluación muestran que existe una distribución proporcional entre todos los estilos, así que una organización no sesgada debería reflejar esto. Toda organización debería verse como la Figura 1:

**FIGURA 1**
Distribución de los estilos de entrevista entre la población general.

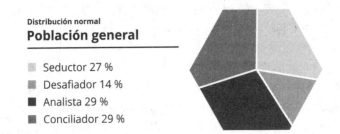

Distribución normal
**Población general**

- Seductor 27 %
- Desafiador 14 %
- Analista 29 %
- Conciliador 29 %

Sin embargo, la mayoría de las compañías no tienen una distribución tan equilibrada. Tienden a dar preferencia a uno o dos estilos según quiénes trabajen ahí; específicamente, según quiénes se ocupen de las contrataciones. La Figura 2 muestra dos ejemplos de compañías con las que he trabajado.

Como puede apreciarse en la Figura 2, las compañías suelen inclinarse hacia uno o dos estilos de entrevista por sobre los demás. Podemos utilizar estos datos para entablar una conversación sobre preferencias que puede revelar los verdaderos sentimientos y deseos de los encargados de selección. Si tu organización se inclina por los Desafiadores, como la Compañía A, significa que tus encargados de selección quieren contratar a más Desafiadores y corren el riesgo de descartar candidatos con otros estilos. Las evaluaciones de personalidad, como los estilos de entrevista, revelan nuestros sesgos, no los crean.

**FIGURA 2**

Distribución en la Compañía A versus la Compañía B

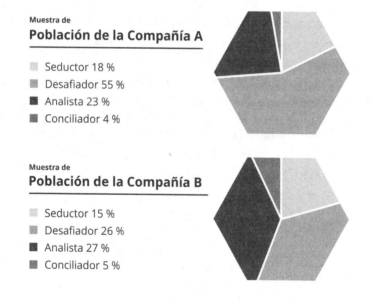

Muestra de
**Población de la Compañía A**

- Seductor 18 %
- Desafiador 55 %
- Analista 23 %
- Conciliador 4 %

Muestra de
**Población de la Compañía B**

- Seductor 15 %
- Desafiador 26 %
- Analista 27 %
- Conciliador 5 %

Podemos usar estos datos en la capacitación de nuestros encargados de selección para mejorar las entrevistas si señalamos que las decisiones que toman durante el proceso tienen un fuerte impacto en la compañía. Necesitamos un sistema que se ocupe de educar y responsabilizar a las personas en su posición. Hoy en día no se responsabiliza a los reclutadores por cómo tratan a los candidatos, además sus exigencias para determinar quién pasa a la siguiente ronda a menudo son opacas y vagas. Los sistemas automáticos de evaluación de candidatos están plagados de sesgos e impiden que el 75 %[18] de los currículums lleguen a ojos humanos. La evaluación de estilos de entrevista puede brindar los datos necesarios para resolver estos problemas.

## Conclusiones clave

- Las decisiones de negocios más importantes se toman en las entrevistas. La persona contratada cambia tu equipo, la efectividad del departamento y la cultura de tu organización. Sin embargo, el 90 % de los encargados de selección no ha recibido ninguna formación para entrevistar.

- En la actualidad, el proceso de entrevista es muy imperfecto. La falta de procedimientos estandarizados, datos y capacitación para los reclutadores ha llevado a sesgos generalizados.

- Da igual qué nueva tecnología esté de moda; nada, ningún tipo de inteligencia artificial puede contar TU historia. Nada puede reemplazar el autoconocimiento y la práctica para enfrentar mejor una entrevista.

- Tu estilo de entrevista te ofrece una perspectiva importantísima que puede incrementar tu autoconsciencia y hacer que abordes mejor las entrevistas, sin importar de qué lado de la mesa te encuentres.

## Consejos de coaching

- Reevalúa tu propia narrativa cambiando la forma en que la miras, como hice yo con la mía. ¿Qué ayuda invisible tuviste sobre la que nunca habías pensado? ¿De qué formas te has atribuido el mérito de tu «éxito» o tu «historia» cuando, en realidad, la situación estaba a tu favor? Reimagínate con menos para ver cuánto tienes en realidad.

- Tener una autoconsciencia clara y ser auténtico no significa carecer de filtros, no es decir lo primero que se te pase por la cabeza; consiste en ser íntegro. Ser fiel a ti mismo no significa expresar todas tus opiniones, sino las que de verdad te importan. ¿Eres consciente de lo que de verdad te importa?

- A menudo las entrevistas son demasiado informales y no tienen una base científica, lo que conduce a sesgos. ¿Dónde te has resistido a estructurar la conversación en una entrevista y por qué?

- En lo que respecta a tu autoconsciencia, ¿qué finges no saber? ¿Se corresponden tus palabras con tus acciones? ¿Están alineados tus yoes interior y exterior? ¿De qué formas se te percibe sin que te des cuenta?

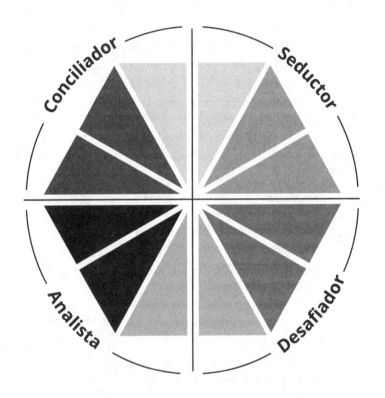

# Los cuatro estilos de entrevista

Todo el mundo enfoca de forma distinta las entrevistas de trabajo y, por desgracia, la gente no siempre se muestra de la mejor manera. Hay quien desestima sus fortalezas, quien miente y quien depende demasiado de su encanto. Las diferencias no tienen nada que ver con su historia laboral, su raza o su falta de moral, sino con su estilo personal de entrevista.

A lo largo de mi investigación, descubrí que existen cuatro estilos principales de entrevista. Estos pueden definirse de forma sencilla según lo que prioricen en una entrevista.

- *Los Seductores piensan:* quiero gustar.
- *Los Desafiadores piensan:* quiero ser yo mismo.
- *Los Analistas piensan:* quiero hacer las cosas bien.
- *Los Conciliadores piensan:* quiero adaptarme.

Y, contrario a lo que dice la mayoría de los libros y páginas web sobre las entrevistas, no hay solo una forma correcta de abordarlas.

Lo más importante es entender quién eres y cómo presentarte de la forma más clara, segura y auténtica posible.

Por ejemplo, no todo el mundo llega a una entrevista queriendo gustar. Aunque, hasta cierto punto, todos queremos eso, en lo que se refiere a las entrevistas, dar una buena impresión es más importante que gustar. El enfoque de cada estilo a la hora de dar una buena impresión es único; cada uno expresa su valor a su manera:

- *Los Seductores muestran su valor siendo entusiastas.*
- *Los Desafiadores muestran su valor haciendo preguntas.*
- *Los Analistas muestran su valor siendo precisos.*
- *Los Conciliadores muestran su valor siendo afables.*

Y esto condiciona cada estilo para experiencias distintas. Tu estilo no solo señala quién eres en una entrevista y qué impresión das, sino también cómo ves y vives las entrevistas.

- *Los Seductores ven las entrevistas como una actuación: un escenario donde ellos son las estrellas de la función.*
- *Los Desafiadores ven las entrevistas como un interrogatorio y quieren que sus preguntas encuentren respuesta.*
- *Los Analistas ven las entrevistas como un examen que obtendrá una calificación aprobatoria o reprobatoria.*
- *Los Conciliadores ven las entrevistas como pruebas para formar parte de un equipo al que quieren unirse.*

Dentro de estos cuatro estilos principales, he descubierto que existen doce variaciones como resultado de la superposición entre ellos. Por ejemplo, si eres un Seductor, puedes tener rasgos de Conciliador o de Desafiador, y estos también afectarán tu desempeño en una entrevista. En la Segunda parte profundizaremos en cada estilo, qué son, cómo determinar cuál es el tuyo y las distintas variaciones de cada uno. Al final de cada capítulo sobre un estilo, encontrarás un desglose de sus dos variaciones.

Tu estilo no cambia según cuánto te prepares, ni se ve determinado por la clase de trabajo que tengas, o tu raza, o tu género; no todos los ingenieros enfrentan del mismo modo las entrevistas, como tampoco lo hacen todos los afroamericanos (y disponemos de datos que lo corroboran). Tu estilo de entrevista es como tu personalidad: estable y predecible, pero no es inamovible; es lo que decidas hacer con las características de las que dispones. No puedes escoger tu estilo de entrevista de la misma forma en que no puedes escoger tu personalidad, pero puedes modificarlo para que resalte tus fortalezas y te ayude a desempeñarte mejor. Tu estilo es tu tendencia natural, no tu destino. Todos tenemos los cuatro estilos en nuestro interior, y cuando somos conscientes de nuestro punto de partida o del estilo hacia el que gravitamos, podemos cambiar desde la autenticidad.

## Cómo medir tu estilo de entrevista

Aunque a menudo concebimos la conducta en términos binarios (callado o escandaloso, líder o seguidor), es más preciso entenderla como un espectro. Nadie es 100 % de una forma u otra. Con esto en mente, los estilos de entrevista se miden en dos ejes: introvertido-extrovertido y resuelto-complaciente. Puedes ver dónde te sitúas en estos ejes en tu Perfil de Entrevistología.

Cada uno tiene una serie de características que ayudan a determinar en qué punto del espectro te encuentras.

## INTROVERTIDOS

- *Se revitalizan pasando tiempo a solas.*
- *No se abren desde el principio y prefieren guardarse las cosas para sí.*
- *Una entrevista no es parte de su entorno natural.*
- *Piensan antes de hablar, así que hablar y pensar sobre la marcha les resulta extraño.*

## EXTROVERTIDOS

- *Se revitalizan estando con otras personas.*
- *Se abren con facilidad y comparten detalles sobre sí mismos.*
- *Una entrevista es parte de su entorno natural.*
- *Hablan para pensar, así que hablar y pensar sobre la marcha les resulta normal.*

## RESUELTOS

- *Se centran en su experiencia interna. Para responder hacen caso a sus propias señales.*

- Ni una respuesta positiva ni una negativa del entrevistador provocará un cambio en su estilo.
- Prefieren ser congruentes y tienen un compromiso inquebrantable con los hechos sin importar la audiencia.

## COMPLACIENTES

- Se centran en su percepción externa. Deciden cómo comportarse según las señales ajenas.
- Cambian con facilidad según la respuesta verbal y no verbal que reciben de otros.
- Prefieren adaptarse al ambiente, a la audiencia y a la energía que perciben.

Cuánto te identifiques con cada una de estas afirmaciones determinará qué tan cerca de cada extremo del espectro te encuentras. Es importante recordar que ninguno de nosotros es totalmente introvertido o extrovertido, igual que nadie es del todo resuelto o complaciente. Las circunstancias y las situaciones, además de las dinámicas de poder y de la organización, modifican nuestro comportamiento.

Tu estilo de entrevista te da una idea de dónde te encuentras en cada eje, y saberlo te permite calibrar tus expectativas sobre cuánto puedes cambiar tu comportamiento.

## El efecto entrevista

Es importante señalar que la evaluación de los estilos de entrevista se centra específicamente en cómo eres en una entrevista, no en cómo eres en otros entornos, lo que la diferencia de otros test de personalidad más genéricos. Muchos factores de la personalidad son estables en distintas situaciones, como la introversión y la extroversión: si eres extrovertido en la vida real, probablemente también lo seas en una entrevista. Sin embargo, es curioso cómo a veces las personas cambian en las entrevistas: los introvertidos pueden abrirse y algunos extrovertidos, cerrarse de forma inesperada.

Como reclutadora, vi esto en numerosas ocasiones. Es algo que no terminaba de identificar y que, a la postre, bauticé como el «Efecto entrevista». Entrevistaba a alguien que se presentaba como atrevido y hablador, y, en cuanto lo contrataba, resultaba ser una persona totalmente distinta, o viceversa.

Descubrí que muchos encargados de selección a menudo asumen que las personas son siempre iguales, así que creen que alguien se comportará en el ambiente laboral como lo hizo en la entrevista. Cuando este resulta no ser el caso, se sienten engañados y los empleados se descubren en la posición equivocada.

Le pedí a Ryan, un alumno que llevaba tres años conmigo, que hiciera la evaluación. Era conocido por ser alguien que, en cuanto abría la boca, era imposible hacerlo callar. Si se cruzaba contigo en el pasillo, te acompañaba adonde fueras para no cortar la conversación. Un día, después de clase, caminó conmigo hasta mi carro. Hablaba con todo el mundo y, sin embargo, los resultados de su Perfil de Entrevistología determinaron que era introvertido. Cuando me reuní con él para comentarlo, me dijo: «Ah, sí, total. Dejo de funcionar en las entrevistas. Me callo y escucho. Me cuesta mucho hablar como hago normalmente. Hay algo en estas situaciones. Algo que me cambia».

Así que, aunque ya intuía que una entrevista no era el mejor indicador de la personalidad, ahora tenía una prueba científica: las entrevistas cambian a las personas.

Una entrevista es un evento artificial donde alguien tiene algo que quieres —un trabajo o un ascenso— y debes actuar de cierta manera para conseguirlo. Esa «cierta manera» es distinta para todo el mundo. Ryan, una persona abierta y dicharachera, había absorbido una narrativa de la sociedad o de su familia que le decía que no podía ser él mismo en las entrevistas, que no «debía» ser hablador en ese entorno, que tenía que esperar su turno y decir lo que su interlocutor quisiera escuchar.

## Todos los estilos son valiosos

He aquí dos cosas de las que estoy segura tras haber sido coach de miles de clientes:

- *Cualquier persona puede aprender a desempeñarse mejor en una entrevista; cuanto más lo haces, mejor se te da. Nunca he visto a alguien empeorar.*
- *Cualquier persona es capaz de mejorar sus habilidades para entrevistar, nadie tiene limitado su crecimiento.*

Cuando empecé esta investigación, mi hipótesis era que uno de los estilos de entrevista sería más exitoso que los demás. Año tras año, había visto alumnos y clientes conquistar sus entrevistas y asumí que descubriría una forma correcta de aproximarme al asunto.

Pero lo que aprendí lo cambió todo.

Revisé años de notas y datos sobre qué estudiantes habían obtenido más ofertas como pasantes y qué correlación tenía eso con su estilo de entrevista... y descubrí que no había ningún ganador. Todos los estilos estaban representados. Nuestros alumnos más exitosos, los que habían recibido más ofertas de pasantías, los que habían encontrado más trabajos a tiempo completo tras graduarse y los que se sentían más seguros de sí mismos en las entrevistas tenían algo de los cuatro estilos.

Como ya he dicho, una entrevista no es más que una serie de preguntas sobre ti, así que quienes mejor se conocen tienen más probabilidades de hacerlo bien. Esta autoconsciencia[1] es lo que determinará tu éxito, no tu estilo de entrevista.

No hay un estilo que sea naturalmente más autoconsciente. No hay estilo que sea mejor o tenga más éxito en las entrevistas, ya sea para encargados de selección o para candidatos. No hay estilo que parta con ventaja... y si alguna vez pensé lo contrario fue culpa de mis sesgos. Aprendí que todos damos por hecho que nuestro estilo es el mejor. Nuestros sesgos nacen de nuestras preferencias.

Todos preferimos entrevistarnos con personas que también tienen nuestro estilo, como yo hace tantos años, cuando no quería contratar a un contador con el que no «conectara». Nos sentimos más cómodos y seguros cuando entrevistamos a alguien que «habla nuestro idioma», pero nuestras preferencias son uno de los mayores obstáculos en el camino. Corremos el riesgo de pasar por alto a excelentes personas.

Conocer tu estilo de entrevista puede explicar tus sesgos, y entender los cuatro estilos te ayudará a realizar mejores entrevistas con todo el mundo, no solo con quienes tienen el mismo estilo que tú.

## Diferencias y similitudes entre la evaluación de estilos de entrevista y otros test de personalidad

Aunque nos centramos estrictamente en el desempeño de las personas durante las entrevistas de trabajo, nuestros clientes afirman que los resultados de su Perfil de Entrevistología a menudo coinciden con los de otros test de personalidad, como DISC, Myers-Briggs y StrengthsFinder, entre otros. Nos agrada ver que sienten que obtienen resultados similares porque esto les ofrece otro nivel de validación, lo que permite que confíen más en nosotros.

Pero, como nuestra evaluación se centra en el comportamiento en una entrevista, cabe la posibilidad de que cambie con el tiempo, a diferencia de Myers-Briggs[2], que NO tiene base científica y opera bajo el supuesto de que la personalidad es fija para toda la vida. Evaluamos en qué crees y cómo te comportas hoy, lo que significa que, a medida que obtengas más experiencia en las entrevistas, tus resultados pueden cambiar para reflejar tus nuevas capacidades. Tu Perfil de Entrevistología es lo bastante preciso para percibir matices y variaciones a medida que evolucionas.

Así fue para una de mis alumnas, Priya, que realizó la evaluación en su primer año y descubrió que era una Analista, lo que le pareció acertado. Pero, cuando la repitió en el segundo año, sus resultados indicaron que era una Seductora (el estilo que se encuentra en el polo opuesto), así que le pedí que viniera a verme después de clase, preocupada por que hubiera habido un error.

Cuando le pregunté por el cambio, me dijo que, aunque había creído ser una Analista, su experiencia y una pasantía le habían enseñado cómo quería comportarse en un entorno profesional. Así que el cambio en su comportamiento había cambiado su estilo de entrevista. Me sentí aliviada y feliz de que no se sintiera encajonada en ningún estilo en concreto y de que nuestros resultados reflejaran con exactitud su crecimiento.

Es más, nadie tiene un solo estilo de entrevista; todo el mundo es una mezcla de los cuatro, pero prioriza su estilo principal. En términos prácticos, esto significa que a veces puedes ser más Desafiador que Conciliador, porque distintas personas sacan a relucir diferentes facetas de tu personalidad. Conocer tu estilo de entrevista te ofrecerá claridad sobre tus tendencias naturales para que, cuando transites entre tus múltiples facetas, lo hagas con autenticidad. He aprendido que, cuando te ves con claridad, sabes cómo venderte bien, ya que valoras tus talentos únicos y lo que tienes que ofrecer.

## Mi intención y mis objetivos

Estoy convencida de que habrá escépticos que digan que encasillar a la gente en categorías es lo opuesto a apreciar su individualidad, pero la profundidad y la atención al detalle de esta evaluación se basan en el principio fundamental de que es útil brindarles información a las personas para que se entiendan mejor a sí mismas. Estas categorías no pretenden minimizar las diferencias o crear sistemas sesgados contra ciertas clases de personas. Por el contrario, mis décadas de experiencia en entrevistas me han enseñado que, aunque todos somos distintos, hay ciertos comportamientos generales que nos hacen más parecidos de lo que creemos. Cuando las personas se ven reflejadas en vídeos o historias, a menudo se sienten aliviadas. Ese reflejo y la comprensión que lo acompaña ofrece una sensación de pertenencia, seguridad y validación.

Las personas siempre hemos buscado formas de entendernos mejor. Durante mucho tiempo, lo hicimos a través de las historias arquetípicas y del folklore. Hoy, es más probable que consultemos Google, TikTok, YouTube, libros de autoayuda y test de personalidad, pero el objetivo es el mismo: sentirnos vistos y validados.

Mi experiencia me dice que mis clientes se ven reflejados en el Perfil de Entrevistología y son conscientes de que no pretende reflejar la totalidad de quienes son. Todas las personas con quienes trabajo (incluso los más críticos) deciden qué aspectos resuenan más consigo mismos y cuáles no; así pueden quedarse con lo que más les convenga. No es mi intención decirle a la gente quién es, sino ponerla frente a un espejo para empoderarla: quiero que mis clientes se sientan más seguros. Eso no se consigue fingiendo ser quien no eres o memorizando respuestas. La confianza que te consigue un empleo proviene de la autoconsciencia, de saber quién eres y alinearte enteramente con ello.

Les enseño a mis clientes que su verdadero valor surge de toda su experiencia vivida, no solo de lo que ponen en su hoja de vida. Les enseño a pensar en cuál es su propuesta de valor y en cómo construir una marca personal basada en sus fortalezas individuales. Para ello, lo primero que deben hacer es tener una profunda comprensión de su personalidad básica y de la impresión que dan. Realizar la evaluación y descubrir su estilo de entrevista ayuda a asentar esta información.

Uno de los deseos más comunes de la gente es saber qué piensan los otros sobre ellos. En un estudio llevado a cabo por los psicólogos Nicholas Epley y Mary Steffel[3], en el cual le pidieron a quinientos estadounidenses que imaginaran que tenían un «cerebroscopio» que les permitía leer las mentes de otras personas y saber qué sentían y pensaban con total precisión, los investigadores se sorprendieron al descubrir que la mayoría no quería asomarse a las mentes de los ricos, famosos y poderosos. En cambio, querían saber qué pensaban de ellos sus más allegados; querían un espejo mágico donde poder reflejarse. La evaluación de estilos de entrevista es como ese espejo: ofrece la claridad que tantos candidatos y encargados de selección ansían.

La evaluación no prescribe una identidad. Deseo sinceramente que te ofrezca ese vistazo a cómo otros te ven. No es más que una herramienta para ayudarte a estimar qué impresión das en una entrevista. Depende de ti utilizar esta información para mejorar, ya seas un encargado de selección que la utilice para abrirse a distintos candidatos o alguien que busca trabajo y desea reducir la dependencia en sus fortalezas sobrexplotadas para desempeñarse mejor. Profundizaremos en cómo realizar estos cambios en la Segunda parte.

## Conclusiones clave

- Tu estilo de entrevista se basa en tu interacción típica en una situación de entrevista. No se trata necesariamente de cómo actúas el resto del tiempo.

- Tu estilo de entrevista no refleja más que un momento preciso en el tiempo. Tu resultado determina dónde estás ahora, pero aprenderás a adaptarlo a medida que acumules experiencia. Tu estilo puede cambiar a medida que creces y evolucionas, y puede tener un significado distinto para ti a lo largo de los años. Puede que empieces a sentirte más cómodo cuando te abras y aprendas a hablar de ti mismo, quizá también aprendas a plantear excelentes preguntas o a sentirte más relajado en una situación de entrevista. Tu estilo puede cambiar, pero más del 88 % de mis clientes obtienen los mismos resultados año tras año.

- Eres una mezcla de los cuatro estilos de entrevista, pero tu estilo principal es el producto de las habilidades que priorizas. Un estilo no es mejor o más ideal que los demás; todos son igualmente importantes y valiosos.

- Desempeñarse bien en una entrevista es el acto de adaptarse a otra persona y tener un estilo flexible. Tu estilo de entrevista es el mismo seas solicitante o encargado de selección. La evaluación determina cómo actúas en una entrevista independientemente de en qué lado de la mesa te encuentres.

## Consejos de coaching

- ¿Qué narrativas y mensajes que hayas internalizado te impiden ser tú mismo en una entrevista? ¿Crees que tienes que ser de cierta forma para que alguien te contrate o acepte?

- ¿Qué produce en ti el Efecto entrevista? ¿Cambias durante las entrevistas? ¿Eres naturalmente callado, pero te vuelves más abierto en esas situaciones? ¿Cómo puedes alinear de forma más natural quién eres con lo que aparentas ser en una entrevista?

# SEGUNDA PARTE

## ¿CUÁL ES TU ESTILO DE ENTREVISTA?

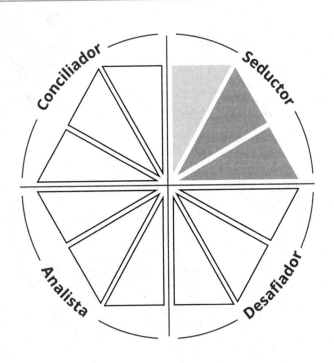

**SEDUCTORES.** Son encantadores en las entrevistas. Están externamente presentes, se abren con facilidad y buscan la aprobación del entrevistador. Hacen que sienta que se interesan por cada una de sus palabras. Pueden hablar con facilidad sobre sí mismos y sobre su experiencia laboral. Su aguda capacidad para entender hacia dónde va la conversación les ayuda a ofrecer respuestas de calidad y a dar una buena impresión. Este estilo se basa en estar preparado para todo de forma que puedan utilizar la práctica y la investigación previas a la entrevista para conectar con el entrevistador. Dar una buena impresión es importante para los Seductores.

# 5

# Seductor

«Quiero gustar».

No creo que te sorprenda que me encanten las entrevistas. Llevo toda mi carrera entrevistando y enseñando habilidades para la entrevista. Cuando empecé a reclutar en Recursos Humanos, asumí que a todo el mundo le gustaban tanto como a mí. Por supuesto, sabía que la gente se ponía nerviosa, pero creía que todo el mundo abordaba las entrevistas igual que yo: con emoción ante la oportunidad de venderse y colmado de energía por el proceso.

Eso se debe a que soy una Seductora y a los Seductores les encantan las entrevistas.

Cuando descubrí y empecé a investigar los cuatro estilos de entrevista, estaba convencida de que los Seductores serían los mejores en esto, sobre todo porque les encantan las entrevistas y, no nos engañemos, tengo prejuicios. Pero, tras años de enseñanza y de investigación de los cuatro estilos, me di cuenta de que estaba equivocada.

Bueno, estaba equivocada en una cosa. A los Seductores sí que les gustan las entrevistas más que al resto de los estilos, pero no son mejores que los otros.

Cuando me di cuenta de esto, tropecé con una verdad universal: todos tendemos a creer que el resto de la gente aborda las entrevistas igual que nosotros. También pensamos que nuestro enfoque es el mejor. Entre toda la gente a la que he estudiado, no ha habido una sola persona que no me haya dicho que el suyo es el mejor estilo; incluso quienes saben que pueden mejorar sienten que su enfoque general es el correcto.

Así que, aunque los Seductores no sean mejores en las entrevistas, en nuestra sociedad tenemos un sesgo hacia la extroversión y la complacencia, dos cosas que a los Seductores se les dan bien. En cuanto descubrí los estilos de entrevista, vi este sesgo claro como el agua: se contrata más a menudo a los candidatos extrovertidos, no porque estén más cualificados, sino porque, según nuestra sociedad, afrontan «mejor» las entrevistas. Si estás a cargo de la contratación, por favor, vuelve a leer esto último. ¿Está contribuyendo tu forma de contratar a este sesgo? Tengo la esperanza de que, al entender con claridad el estilo de los Seductores, logremos superar el sesgo y contratar con una mentalidad más inclusiva.

## Los Seductores ven las entrevistas como una representación

A la mayoría de las personas no les gusta abrirse y contestar preguntas sobre sí mismas, sobre todo después de solo cinco minutos en una entrevista intimidante. Como entrevistadora, a veces siento que hacer hablar al candidato es como sacarle una muela. Sin embargo, los Seductores son extrovertidos, así que se abren con facilidad y disfrutan de hablar de sí mismos. A los entrevistadores les agradan más los candidatos extrovertidos porque son más fáciles.

Cuando empecé mi carrera como reclutadora, de vez en cuando asistía a ferias de trabajo. Eran eventos de todo el día en los que me reunía con más de cien candidatos. Se ponían en fila para comentar conmigo nuestras vacantes disponibles y, uno por uno, se sentaba a contestar a mis preguntas. Este es un entorno de entrevista especialmente duro: hay mucho ruido, es caótico y un reclutador al que no has visto nunca te está ametrallando con un puñado de preguntas. Entonces, llegan los Seductores y lo cambian todo. Un candidato tras otro ha estado dándote respuestas rápidas y cortas que te han hecho sentir como si solo esperaran poder largarse de ahí, pero a los Seductores les encantan las preguntas, les encanta estar ahí y les encanta hablar contigo.

Antes de haber identificado los cuatro estilos de entrevista, pensaba que cuando un candidato no se mostraba entusiasta era porque no tenía interés en el puesto o en la empresa. Mi trabajo era descartar a los «malos» candidatos para no hacer perder el tiempo a los encargados de selección. Solo pasaban a la siguiente ronda los que se abrían. Mi trabajo era encontrar a los mejores, y es fácil pensar que esos son los Seductores, pues le facilitan el trabajo al reclutador.

Sé lo que estás pensando: «Pues pareciera que a los Seductores se les dan mejor las entrevistas». Pero te aseguro que ellos también tienen margen de mejora. Mike, un antiguo cliente mío, es un buen ejemplo.

## Mike

Un amigo de un amigo vino a verme para que lo ayudara a encontrar un camino para su carrera. Siempre parecía estar haciendo un montón de cosas distintas que lo llevaban de un lado para otro. Como yo, había empezado su carrera en restauración y sabía lo que era buscarse la vida. No perdía la sonrisa ni cuando hablaba de cosas desagradables. Era siempre optimista y tenía un gran sentido del humor. Todo un Seductor.

Tras haber trabajado en alta cocina, había sacado el permiso de agente inmobiliario y llegó a convertirse en uno de mucho éxito, siempre a la cabeza de las listas de los agentes con más ventas. Cuando nos conocimos, hacía ya años que prosperaba en la industria inmobiliaria, pero también era artista, productor y un hombre con contactos. Tenía un pie en todas partes. Conocía a muchísima gente y, debido a su personalidad, todos le ofrecían negocios, proyectos y oportunidades en las que implicarse. Y no sabía decir que no. Al final, tanto decir que sí, lo había hecho abarcar demasiado y apretar poco, y eso lo trajo hasta mí.

Con todo lo que tenía en marcha, carecía de rumbo fijo, así que mi trabajo consistiría en ayudarlo a descubrir lo que quería. Se negaba a dejar el sector inmobiliario, pues era demasiado lucrativo y llevaba suficiente tiempo haciéndolo como para ganar el mismo dinero a tiempo parcial con su equipo. Lo que quería descubrir era cuál debía ser su siguiente capítulo. Yo tenía que ayudarlo a ver que conocerse a sí mismo y saber qué quería para no perder el rumbo era tan importante como tener la reputación de estar dispuesto a ayudar a todo el mundo. La idea de tomar las riendas de su carrera de forma tan activa se le hacía extraña. Siempre había tomado las oportunidades a medida que surgían sin detenerse a pensar si le convenían. No pensaba adónde quería ir, así que no se preocupaba en buscar un camino específico que lo llevara a su destino final, a su lugar óptimo de éxito. Le encantaba la emoción de los comienzos, por eso la gente iba a buscarlo en cuanto se le ocurría una idea. Compartía su entusiasmo y se emocionaba tanto que sentía la necesidad de formar parte de ello. Cuando se entrevistaba con alguien para hablar de una oportunidad de negocio, le resultaba difícil decir que no; le era casi imposible decirle a alguien lo que no quería oír.

Cuando lo preparaba para entrevistas y reuniones con posibles inversores, me hablaba de cuán fantástico podía ser el proyecto, cuán maravillosa la oportunidad y cuánto dinero podían ganar todos. Vivía en el futuro y hablaba de él y sus posibilidades, pero los inversores viven en números, datos y proyecciones trimestrales, y él era el hombre de las ideas, alguien que a menudo dejaba de lado los detalles importantes.

Era inspirador. Aunque, conociéndolo, sabía que esa inspiración tenía un lado oscuro, un reverso que poca gente veía: le resultaba fácil saber lo que otros querían, pero no sabía lo que quería él mismo.

Era sencillo ser lo que el resto del mundo quería y le gustaba hacerlo. No era infeliz, pero sabía que tenía margen para una mayor felicidad y que su carrera podría tener un «rumbo más lineal». Se acercaba a los cincuenta y quería más estabilidad. Determinar su siguiente paso demostró ser lo más difícil. No le faltaban oportunidades. Su problema, como el de muchos Seductores, era decidir qué quería él, no lo que otros querían.

Esta historia es típica de los Seductores. Se sienten revitalizados por otras personas y su necesidad de conexión puede conducirlos a quedarse atrapados en ideas y sueños que no son necesariamente los suyos. Mike no tenía rumbo porque le costaba decir que no, lo que es un peligro para la personalidad complaciente de un Seductor. Parte de su problema era también su reticencia a discutir la logística de una idea. Como otros Seductores, le gustaba hablar de las emocionantes generalidades, pero se le olvidaba que los detalles también importan. Esta es la característica más común de los Seductores en las entrevistas, donde corren el riesgo de abstenerse de presentar adecuadamente sus cualificaciones con tal de conectar con el encargado de selección. Como hice con Mike, es importante que los Seductores se tomen el tiempo de reflexionar en profundidad sobre lo que quieren y que lo vinculen con cualificaciones de las que ya dispongan.

También enseñé a Mike a contratar para su negocio. La misma necesidad de conexión lo perseguía como encargado de selección. Le resultaba casi imposible hacer una pregunta de entrevista: «Solo necesito conversar, conocerlos». Le advertí que ese enfoque no era una buena forma de conocer a alguien para una oportunidad profesional. Lo confronté:

—Si esta es tu estrategia, ¿cómo pretendes comparar justamente a los candidatos?

—Por intuición —contestó.

Le hice saber que la intuición no siempre es un buen indicador de talento, especialmente porque da lugar a sesgos. Insistió y contrató a varias personas con base en la sensación de que podían llevarse bien. Aunque no tenía claras las cualificaciones de los candidatos, confiaba en que su amistad con ellos sostendría la relación y los motivaría a aprender cualquier cosa que no supieran.

Pero esto tuvo el efecto contrario: sus nuevos empleados lo veían como a un amigo, no como a un jefe. Se aprovechaban, holgazaneaban, no hacían su trabajo... mucho menos se esforzaban en aprender algo nuevo. Se limitaban a calentar la silla. Acabó resentido y sin entender por qué su forma de contratar no funcionaba.

Nos tomamos un descanso del coaching durante varios años. Hizo un posgrado y estaba ocupado construyendo nuevos desarrollos inmobiliarios. Me llamó cuando descubrió que uno de sus empleados le estaba robando dinero. Su forma de entrevistar no había funcionado. Se descubrió en una de las peores situaciones en las que puede encontrarse un encargado de selección: decepcionado consigo mismo, preguntándose cómo podían haber salido tan mal las cosas y diez pasos atrás porque había perdido a un miembro crucial de su equipo.

¿Qué tan a menudo cometen este error los reclutadores? El caso de Mike es extremo, pero la gente en su posición tiende a ignorar las señales y los problemas por la simpatía que perciben en un candidato. Los Seductores creen que, si surge algún problema, podrán lidiar con él mediante la fuerza de su personalidad; que su amistad, su historia, motivará al empleado o los protegerá a ellos. Se convencen de que, si algo va mal, pueden razonar con su subordinado o que, si las cosas se ponen muy feas, podrán aprovechar su poder para asustarlo y hacer que trabaje mejor. Esta suposición suele ser incorrecta y, dado lo que le costó a Mike su error y cuán desesperado estaba por contratar a otra persona, por fin estuvo dispuesto a escuchar.

Como Seductora, supe cuánto le costaría realizar entrevistas estructuradas. A mí tampoco me gustan, pero lo animé diciéndole que, si lo intentaba, contrataría mejor y evitaría repetir sus errores.

Trabajamos en encontrar el equilibro entre su necesidad de ser amistoso y establecer un vínculo en las entrevistas y la cuestión práctica de si un candidato estaba cualificado. Se había equivocado con empleados inadecuados las veces suficientes como para hacer preguntas técnicas complicadas. Reconocía que no era su parte favorita de la entrevista y que le costaba hacerlo. No le gustaba representar el papel de «profesor cruel con un examen sorpresa». Yo empatizaba con eso, así que trabajamos en ello. Él sigue trabajándolo.

Para los encargados de selección Seductores como Mike, es clave tener preguntas de entrevista estandarizadas para todos los candidatos. Esto ayuda a compensar su tendencia a depender demasiado en establecer relaciones y asegura que se centren en sus cualificaciones.

Mike es un ejemplo clásico de Seductor. Es tan agradable y hábil estableciendo relaciones que estar en una entrevista con él —en cualquier lado de la mesa— es fácil, incluso agradable. Pero también es un ejemplo de las trampas en que los Seductores pueden caer si no son conscientes de su estilo.

## Enfoque y estilo

Los Seductores son muy complacientes y buscan la aprobación de quienes los conocen. Quieren gustar y quieren establecer una conexión. Son agradables y la conversación fluye naturalmente con ellos. Es difícil que un Seductor no te caiga bien durante una entrevista. Y esto también puede ser su perdición.

Cuando priorizas establecer una conexión y gustar, representar un papel se convierte en lo más importante de la entrevista. La necesidad de aprobación de los Seductores los empuja a dar una impresión estupenda. No son superficiales, ni simples. Que para ellos la conexión sea lo más importante no significa que no sean percibidos como cualificados o hábiles. De hecho, su necesidad de aprobación los empuja a investigar, prepararse y, a menudo, desempeñarse muy bien en una entrevista.

Como Seductora, cuando era candidata en busca de trabajo, me parecía divertido investigar una empresa para crear una estrategia que me facilitara conseguir el puesto. Al otro lado de la mesa, como reclutadora, me encantaba entrevistar porque me gustaba encontrar la mejor manera de vender nuestra compañía a cada candidato. Adoraba ser la guardiana corporativa y la cara de la empresa, ser la anfitriona del candidato cuando entraba en mi despacho, venderle nuestra cultura y conseguir que tanto yo como la empresa le agradáramos. Mis prioridades eran las mismas a pesar de que ahora tenía todo el poder. Seguía queriendo caerles bien a los candidatos y quería que ellos fueran simpáticos. Y a menudo los que más me cautivaban eran aquellos a quienes yo más había cautivado. Si quieres agradarle a un Seductor, dile que te agrada.

Los Seductores creen que si conocen a la persona con quien se están entrevistando, pueden impresionarla mejor hablando de cosas que le importan. Son calculadores. Son complacientes y conversan encantados de tus intereses para establecer una conexión personal que puedan convertir en simpatía. Crean un ambiente de amabilidad y calidez.

En su libro *El arte de la seducción*, Robert Green describe a los Seductores[1] así: «Su estrategia es sencilla: desvían la atención de sí mismos para centrarla en su objetivo. Entienden tu alma, sienten tu dolor, se adaptan a tu estado de ánimo. Te sientes mejor contigo mismo en presencia de un Seductor. No discuten ni pelean, ni se quejan o molestan».

Matt, un cliente con quien trabajé para conseguirle una pasantía muy competitiva, es un buen ejemplo de esto. Me contó que, cuando se reunió con la directora ejecutiva de una agencia de corretaje internacional de seguros, se fijó que en su escritorio había fotografías de un niño pequeño jugando al fútbol. Le preguntó: «¿Es su hijo? ¿En qué liga juega?». Ella le dijo: «Sí, ahora tiene quince años, pero por aquel entonces jugaba en la Lower Merion League». Matt había tenido una corazonada y había reconocido el uniforme en la fotografía, por eso mismo había preguntado. «Guau. Entrené a niños de esa liga durante la secundaria y seré árbitro en el programa este verano. Llevo toda la vida jugando al fútbol». La directora ejecutiva quedó seducida y hablaron de fútbol durante el resto de la entrevista. No solo consiguió la pasantía, sino que lo contrataron a tiempo completo cuando se graduó. Lo que Matt hizo aquel día es lo que muchos Seductores hacen de forma natural. No señalan la fotografía y dicen: «Oye, jugué en esa liga». En cambio, primero preguntan para conseguir más información, para hacerte hablar, para atraerte, y entonces establecen la conexión. Cuando un Seductor seduce bien, ni siquiera te das cuenta de cuándo ocurre.

Recuerdo perfectamente entrevistar hace años a un candidato que era un Seductor. Cuando lo saludé en el lobby, me preguntó qué tal mi día. A menudo los candidatos están muy nerviosos al principio de la entrevista y cuando te preguntan qué tal, se siente como un saludo de rutina. No van a escuchar tu respuesta; y tampoco pasa nada, sabes que están nerviosos y que ya se relajarán. Este candidato era distinto, me escuchaba de verdad, cosa que reconocí de inmediato y que me impresionó. Le interesaba genuinamente y no me había preguntado qué tal porque sí: quería conocerme; transmitía calidez. Por un momento, se me olvidó que yo estaba en una posición de poder y que él estaba aplicando a un trabajo. Trascendimos la interacción artificial. Los Seductores son capaces de eso.

Sin embargo, cuando los Seductores no saben utilizar su encanto, sus intenciones se vuelven obvias. Su necesidad de aprobación se siente desesperada y su entusiasmo repele a la gente. Cuando lo hacen bien, es fantástico, pero, cuando no, se siente hipócrita. Los mejores son capaces de equilibrar sus rasgos de Seductor. Los usan sabiamente, al servicio del bien. Cuando un Seductor aborda bien una entrevista, equilibra su necesidad de aprobación con su seguridad en sí mismo; no está ahí solo para gustar e, irónicamente, eso lo hace todavía más atractivo. Los Seductores suelen centrarse en contar anécdotas y en tratar de conocer a su interlocutor, pero es importante recordar que una entrevista no es solo una oportunidad de conectar, sino que es el momento de demostrar que de verdad puedes cumplir con las tareas que requiere el cargo. Cuando un Seductor lo hace bien, puede conectar y, además, mostrar que está cualificado.

Estaba dando una clase a un grupo de encargados de selección para aprender a entrevistar cuando una Seductora dijo: «Cuando vuelvo a casa tras una entrevista y mi marido me pregunta cómo fue, le digo: "Bien, les agradé"». Por encima de todo, agradar es lo más importante para un Seductor, más que para cualquier otro estilo. Son complacientes. No dan problemas ni hacen preguntas complicadas. No quieren que nadie se sienta incómodo. No buscan la verdad, ni datos, ni tratan de adaptarse. Solo quieren caer bien.

Esto tiene un precio. Si se centran exclusivamente en gustar, se les puede olvidar hablar de sus cualificaciones. Como hemos visto con Mike, los Seductores tienen un talento innato para contar historias, pero se les puede olvidar sostenerlas con datos y métricas reales. No sé cuántas veces habré tenido una entrevista fantástica y, a pesar de todo, cuando el candidato se ha ido, he quedado con una sensación de incertidumbre y queriendo más. Contaban muy buenas anécdotas y eran súper cercanos, pero yo no tenía ninguna certeza. En las reuniones con otros entrevistadores, lo único que alcanzábamos a decir era que les faltaba algo. Un encargado de selección con el que solía entrevistar fue quien mejor lo expresó tras una excelente entrevista con un Seductor: «No es más que un traje vacío. Un buen tipo, pero hasta ahí».

Por el contrario, cuando los Seductores tienen en cuenta la importancia de hablar de sus cualificaciones, se les puede dar muy bien utilizar puntos de referencia en la conversación y relacionarlos con su experiencia y con las cualidades que los hacen adecuados para el puesto. Están muy alertas de las pistas de las que puedan valerse para conectar lo que el entrevistador dice que quiere con lo que son. Siempre buscan formas de venderse y lo hacen parafraseando al entrevistador. Como están tan concentrados en lo que pasa a su alrededor, ajustan sus respuestas e incluso su actitud utilizando las señales verbales y no verbales que reciben de su interlocutor.

Los Seductores también son muy entusiastas, apasionados. Pero, cuando la pasión no se enfoca de forma precisa, puede resultar demasiado intensa o superficial.

Una vez, hice una entrevista de prueba para preparar a un Seductor y le planteé una primera pregunta de manual con el fin de empezar a establecer un vínculo: «¿Por qué escogiste la Universidad de Temple y por qué decidiste graduarte en Gestión de Riesgos?». La mayoría de las personas contestan a esto en dos o tres minutos, pero él habló, habló y habló. Me contó su vida entera. Se me da muy bien redirigir a un candidato que se pierde en una entrevista, pero no logré meter ni una palabra. Su respuesta se alargó durante veinte minutos: la duración de la entrevista entera. Los Seductores saben conversar y se regocijan ante la oportunidad de hablar de sí mismos y de contar su historia, pero deben tener siempre en mente la necesidad de ser concisos.

Los Seductores se toman muy en serio el dejar huella. Es un evento muy bien orquestado: preparan cuidadosamente qué van a llevar, decir y hacer. Creen que una entrevista es una representación y ellos, sus maestros de ceremonias. También creen que caer bien depende solo de sí mismos; de hecho, utilizan la fuerza de su personalidad para conseguirlo; es un ataque total. Se valen de un lenguaje corporal muy seguro: se sientan al borde de la silla y hablan con entusiasmo, asienten y sonríen. Muestran interés en el entrevistador siendo amigables y haciendo preguntas para descubrir cosas en común; incluso, llegarán a dejar caer un cumplido o contar un chiste.

Podrás imaginarte cómo termina el asunto. Los Seductores sinceros con mucha inteligencia emocional saben cómo contar un chiste apropiado en el momento preciso, mientras que un Seductor menos experimentado puede soltar un cumplido impropio. Hace años, coentrevisté a un candidato para un puesto en ventas con la directora de Recursos Humanos. Era un Seductor muy poco sofisticado: contaba chistes soeces, dependía demasiado de anécdotas insustanciales y, para echarle más leña al fuego, le guiñó el ojo a la directora de Recursos Humanos… ¡dos veces! Los

Seductores deben encontrar el equilibrio entre ser agradables y mantenerse profesionales.

Un Seductor puede hacerte sentir que está en vilo por cada una de tus palabras. Es fácil hablar y conectar con ellos. Una vez, entrevisté a una Seductora llamada Jessica para un puesto de ejecutiva de cuentas; la reunión duró dos horas y fue un verdadero placer, como haber hecho una nueva amiga. Ese es el poder de un Seductor.

Como dependen tanto de establecer una conexión y de venderse por medio de esta, para ellos es muy importante que la entrevista sea humana y, de preferencia, sin ninguna estructura. Por ejemplo, en ocasiones, antes de agendar una entrevista en directo, una compañía manda un enlace a una plataforma donde los candidatos pueden grabar sus respuestas a preguntas preparadas. Este sistema carece de cercanía. No es más que hablar contigo mismo mientras te graban y cronometran. A nadie se le dan particularmente bien estas entrevistas de selección grabadas, pero su entorno artificial desestabiliza en especial a los Seductores que, por encima de todo, necesitan a alguien con quien conectar.

¿Y qué ocurre cuando una o varias personas se están entrevistando, pero se niegan a conectar? De la misma forma que tenemos un sesgo para con nuestro propio estilo de entrevista, también se nos da mejor entrevistarnos con alguien que lo comparta. Tiene sentido, ¿cierto? Es más fácil conversar con alguien que habla tu idioma. Sentirás que de verdad has conectado con esa persona o que el trabajo es perfecto para ti.

Cuando un Seductor entrevista a otro, sentirá que ha hecho un nuevo amigo, como me ocurrió hace tantos años con Jessica (con quien todavía mantengo esa amistad). Los Seductores quieren «conectar» y, cuando lo hacen, creen que lo bien que ha fluido la conversación ha sido cosa del destino. Cuando no sienten la conexión, les parece que algo no cuadra, que algo falla. A menudo esto

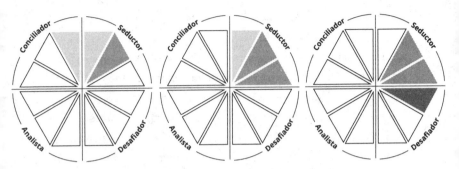

De izquierda a derecha: Seductor con tendencias de Conciliador, Seductor y
Seductor con tendencias de Desafiador

se da cuando la entrevista es con alguien del estilo opuesto: un
Analista. Este perfil no prioriza establecer una conexión en una entrevista, sino hacer las cosas bien (más sobre esto en el capítulo 9).

## Variaciones del Seductor

Como en todos los estilos, existen variaciones entre los Seductores. Como verás en el hexágono de los estilos de entrevista, los
Seductores lindan con los Conciliadores y los Desafiadores, y a
menudo comparten rasgos con ellos.

### RASGOS QUE LOS SEDUCTORES COMPARTEN CON LOS CONCILIADORES

- *Se centran en las personas.*
- *Se centran en lo exterior.*
- *Son complacientes y flexibles.*
- *Son encantadores.*

- Saben cómo se ajusta su personalidad a la cultura de la empresa.

- Creen que cualquiera puede ser convencido, y su lema es: «El encanto funciona».

- Dan una buena impresión siendo amigables, agradables y cercanos.

- Se sienten cómodos con la ambigüedad, pueden improvisar.

- No les incomoda venderse.

- Su confianza proviene de su deseabilidad social.

- Les gusta la charla casual y la conversación.

- Pueden cambiar su estilo y sus respuestas para adaptarse a otras personas.

- Se apoyan en habilidades blandas.

- No les gusta cuando la entrevista es exclusivamente técnica.

- Necesitan algo de conversación para romper el hielo y reducir los nervios. Necesitan una conexión para relajarse.

## RASGOS QUE LOS SEDUCTORES COMPARTEN CON LOS DESAFIADORES

- Sus respuestas son expansivas.

- Resuelven los problemas por medio del diálogo.

- Saben lidiar bien con preguntas de personalidad.

- *Se abren con facilidad, utilizan anécdotas para ilustrar experiencias e incluyen tanto objetivos como fracasos.*

- *Pueden llevar la batuta en una conversación y lo harán independientemente de la dinámica de poder, sean candidatos o encargados de selección.*

Debido a este solapamiento, existen dos variaciones del estilo Seductor: el Seductor/Conciliador y el Seductor/Desafiador. Observemos qué diferencia a estas tres clases de Seductores.

## Seductor/Conciliador

Los Seductores/Conciliadores son extrovertidos con tendencias introvertidas. Son los Seductores menos dicharacheros y los más dispuestos a adaptarse a cualquier estilo. Cuando no están en un entorno que les exige ser abiertos, prefieren ser discretos. Suelen equilibrarse con el entrevistador. Por ejemplo, si los entrevista un extrovertido, quizá se comporten de forma más introvertida y viceversa. Los Seductores con tendencias de Conciliadores permiten que personalidades más dominantes tomen el control. Se contienen y observan la conversación hasta que algo les llama la atención, entonces alzan la voz si el tema les interesa. No encauzan la conversación hacía sí mismos ni cambian de tema sin motivo; solo buscarán llamar la atención si el contexto es el adecuado. Los Seductores/Conciliadores seducen mediante la consideración.

## Seductor

Un Seductor (sin ninguna variación) es extrovertido y complaciente. Los Seductores obtienen su energía de otras personas, se abren con facilidad y comparten detalles sobre sí mismos. De entre todos los estilos, los Seductores son quienes más disfrutan de las entrevistas porque les gusta mostrar quienes son y qué saben hacer. Prefieren entrevistas no estructuradas que se sientan como conversaciones. Necesitan algo de charla casual y tiempo para conocer a su interlocutor. Hablan para pensar, así que no necesitan un guion ni temas preparados; hablar y pensar sobre la marcha son dos de sus mayores fortalezas. Los Seductores viven hacia afuera y actúan según lo que perciben en los demás. Cambian sus respuestas dependiendo de las señales que reciben de su interlocutor y se sienten cómodos adaptándose a la energía de la sala y a las necesidades de la audiencia. Los Seductores cautivan siendo entusiastas, flexibles y entretenidos.

## Seductor/Desafiador

Un Seductor/Desafiador es extrovertido, pero menos complaciente que un Seductor o que un Seductor/Conciliador porque es más firme. Un Seductor que comparte rasgos con un Desafiador es complaciente, pero solo hasta cierto punto. Es extrovertido, así que las entrevistas lo revitalizan, y escucha las señales de su interlocutor, pero cuando se trata de contestar a las preguntas sobre sus cualificaciones y otros asuntos técnicos, al contrario de los Seductores, no cambia sus respuestas según lo que cree que la otra persona quiere escuchar. Un Seductor con tendencias de Desafiador es el más audaz de los Seductores. Es decidido en su enfoque y siente que pueden persuadir, convencer y engatusar al entrevistador siendo persistente, exhaustivo e impávido. Los Seductores con tendencias de Desafiadores seducen con su dureza, persuasión y un poco de fuerza.

## Cómo saber si estás hablando con un Seductor

- Se abren con facilidad.

- Disfrutan hablando de sí mismos.

- Son buenos contando historias.

- Son amigables y quieren establecer una conexión personal.

- No les da miedo exponerse si esto les ayuda a alcanzar su objetivo.

- Ven la entrevista como una representación.

- Asienten, sonríen y se implican con todo su cuerpo.

- Te hacen percibirlos como cualificados por medio de su entusiasmo.

(Para practicar la identificación de los distintos estilos, remítete a la actividad «Descifrar los estilos de entrevista» en el Apéndice).

# Fortalezas y fortalezas sobrexplotadas

Los Seductores tienen muchas fortalezas, pero cuando no están equilibrados, sus intenciones pueden ser malinterpretadas. La siguiente tabla muestra sus fortalezas y cómo pueden percibirse cuando se sobrexplotan.

| Fortalezas | Fortalezas sobrexplotadas |
|---|---|
| Entusiastas | Demasiado entusiastas con tendencia a parecer superficiales |
| Cautivadores | Demasiado énfasis en la conversación |
| Buscan aprobación | Pierden de vista el panorama general |
| Seguros de sí mismos | Avasalladores |
| Dispuestos | Desesperados |
| Agradables | Demasiado centrados en la conexión y no lo suficiente en sus cualificaciones |
| Maestros de ceremonias | Vacíos |
| Contadores de historias | Pueden ser agotadores y dar vueltas sin llegar a ninguna parte |

# Entrevistarse con un Seductor

Los Seductores son complacientes[1]; de hecho, su comportamiento ha sido bautizado en psicología como «conductas de complacencia». Satisfacen los intereses y las expectativas de otros minimizando intencionalmente sus propios deseos. Complacer implica priorizar las necesidades imaginadas del otro antes que las suyas. Asumes que debes actuar de cierta forma para dar una buena impresión y, por lo tanto, no te comportas con autenticidad.

De igual manera que el estilo de entrevista Seductor es el favorito de la sociedad, muchos consejos sobre cómo abordar las entrevistas alientan conductas de complacencia. Se da por hecho cómo deberíamos desenvolvernos y qué deberíamos decir en una entrevista y la mayoría de las guías se centran en enseñarte a encajar en ese molde.

Como me dijo un cliente Seductor que buscaba la aprobación de los entrevistadores: «No era mi verdadero yo en las entrevistas. No es que fingiera ser algo que no soy, sino que era la versión profesional de mí mismo. La de camisa y corbata que decía lo que se esperaba de ella y omitía partes de su historia. Cualquier cosa que creyera que daría una buena impresión».

Este enfoque a menudo sale bien porque da una buena impresión, pero tiene un alto precio: para ser exactos, minimizamos partes de nosotros mismos al servicio de alinearnos con los demás. Pero las conductas de complacencia están basadas en lo que asumimos que son las expectativas ajenas, no en los hechos. Así que nos sometemos a necesidades imaginarias.

¿Y si te pidiera que imaginaras qué quiere un encargado de selección y te dijera que modificaras tu comportamiento para adaptarte a lo que hubieras imaginado? Cuando nos detenemos a pensar en lo que hacemos inconscientemente suena ridículo, ¿verdad?

Incluso si supieras de verdad lo que la otra persona quiere oír, fingir ser algo que no eres o destacar partes de ti que no te definen, no resulta a largo plazo. Al final, terminarás siendo tú mismo en el puesto y quizá descubras que no se ajusta a quién eres en realidad, sino a quien fingiste ser durante la entrevista. En tu búsqueda de aprobación, quizá hasta te descubras pasando por alto señales de alerta a problemas como entornos laborales tóxicos. Otro cliente Seductor me dijo: «Pensaba que el objetivo de una entrevista era conseguir el puesto. Años más tarde, tras unos cuantos malos trabajos, me di cuenta de que no se trata de conseguir cualquier empleo, sino el mejor para ti».

Sí, una entrevista trata de descubrir si eres la persona adecuada para el puesto, pero también sirve para ver si el puesto es adecuado para ti. Si aspiras a un éxito duradero, ambas cosas deben alinearse y, si haces el esfuerzo de mantenerte auténtico en las entrevistas, será más probable que encuentres un trabajo donde lo hagan.

Aunque creamos que damos una mejor impresión cuando somos complacientes, hay estudios que afirman que nunca damos tan buena impresión como cuando somos nosotros mismos. Esto va en contra de todos los consejos populares para entrevistas y también de la tendencia natural de los Seductores. Especialmente para ellos, el enfoque nunca es «Voy a ser yo mismo y a ver qué pasa». Al contrario, siempre se acomodan a las necesidades ajenas para obtener aprobación[2].

## Por qué los Seductores buscan aprobación

Los humanos somos seres gregarios; queremos gustar, ser aceptados y pertenecer a un grupo. Hasta cierto punto, todos ansiamos aprobación. Esta ansia innata se manifiesta cuando hay un trabajo o un ascenso en juego. Algunos buscan más aprobación que otros, lo que se hace evidente durante las entrevistas. De los cuatro estilos, los Seductores y los Conciliadores son quienes más la persiguen. Los primeros creen que darán la mejor impresión siendo agradables, simpáticos y encantadores, así que utilizan estos atributos para conseguir la aprobación de su interlocutor.

Los Seductores ansían la validación de otras personas, necesitan una audiencia. Hasta cierto punto, todos ellos buscan esa validación porque no pueden dársela a sí mismos. Como su motivación viene de fuera, de alguna forma su sed de validación se ve saciada al conseguir el trabajo o el ascenso.

Los Seductores hacen un esfuerzo extraordinario a lo largo de toda la entrevista, piensan en la impresión que dan y en cómo hacen sentir a la gente; comercian con facilidad en moneda emocional. Son perceptivos y saben lo que la gente quiere oír y cómo decírselo. A los Seductores se les da muy bien hablar de asuntos complicados y facilitar información de forma indirecta para no poner a la otra persona a la defensiva. De entre todos los estilos, son los más diplomáticos y los negociadores emocionales más eficientes: desarman por medio de la aceptación, el consuelo y los cumplidos. Piensan que crear una sensación de calidez y conexión hará que alguien se abra y los quiera más deprisa que con cualquier otra estrategia. Por lo tanto, no hablan desde la altura que da la perfección, sino desde sus defectos, de forma que no les es difícil confesar sus debilidades. A los Seductores no les cuesta nada atribuirles el mérito a otros, ceder ante el punto de vista de su interlocutor y ser generalmente afables.

Los Seductores están dispuestos a contar mentiras piadosas en pos de una verdad superior y del bien común. Están dispuestos a decir lo que alguien quiere escuchar para proteger sus sentimientos porque, ante todo, quieren que los demás se sientan bien. Creen que, si alguien se siente bien, entonces esos buenos sentimientos se extenderán a ellos y podrán recoger sus frutos. Tampoco les importa si alguien les dice una mentira piadosa en una entrevista; de hecho, la esperan, pues la ven como algo pensado para protegerlos y como parte del proceso. A diferencia de los Desafiadores, no les gustan las declaraciones heroicas de la verdad. Por el contrario, aprecian y ven valor en enfatizar lo que hace sentir bien a las personas, no para engañarlas, sino para sentar las bases de lo que más les importa: una interacción positiva y ser vistos como simpáticos. Le harán un cumplido a la decoración del despacho, dirán que el café está bueno y que el trabajo parece interesante. No le ven valor a ser fieles a la verdad si esa fidelidad puede herir los sentimientos de otra persona o hacerla sentirse rechazada. Se resisten a ciertos hechos y esperan que otros hagan lo mismo.

## Cómo los Seductores pueden lidiar con su necesidad de aprobación

Aunque son muy diplomáticos, los Seductores suelen priorizar demasiado a los demás.

A lo largo de los años, he visto a muchos clientes volverse más seguros a lo largo del proceso de preparación de las entrevistas.

El mero hecho de redactar sus hojas de vida, pensar sobre su experiencia laboral y practicar respuestas a las preguntas de entrevista los hace sentirse cualificados en lugar de hacerles creer que tienen algo que demostrar. Es extremadamente importante que, durante su preparación, los Seductores piensen en lo que han hecho, de dónde vienen y cómo han crecido.

 **FUNDAMENTO DE ENTREVISTA PARA CANDIDATOS**

El acto de redactar una hoja de vida, pensar en tu experiencia laboral y practicar respuestas a preguntas de entrevista puede ayudarte a crear autoconsciencia y confianza en ti mismo para que abordes mejor las entrevistas.

Los Seductores pueden trabajar en mejorar su autoconfianza y autoaceptación. Para ello, piensa en tus cualificaciones, en lo que tienes que ofrecer y en toda tu historia. Cuando te sientas orgulloso de ti mismo y seguro de lo que tienes que ofrecer, no necesitarás la aprobación ajena. Como dijo Lao Tze, conviene recordar que «Cuando uno cree en sí mismo, no necesita convencer a los demás».

Creer en ti y saber quién eres. ¡Esta es la receta para la entrevista perfecta!

El empoderamiento es cincuenta por ciento creer en ti mismo y cincuenta por cierto tener las habilidades requeridas.

Los Seductores tienen un opuesto al que pueden estudiar en busca de inspiración. En lo que respecta a lidiar con su necesidad de aprobación y tirar de las riendas de su entusiasmo y pasión, deben fijarse en los Analistas, que son reservados y se centran en dar respuestas verificables y factuales de forma consistente.

Aprende a tomar las críticas como algo constructivo, no como desaprobación. El desacuerdo no es una forma de hostilidad; es posible que alguien te caiga bien y que, al mismo tiempo, no coincidas con su opinión. Caer bien no depende de estar de acuerdo todo el tiempo. Si de verdad estás escuchando a alguien, verás que no siempre concuerdas con todo lo que dice, y no pasa nada. El crecimiento surge de la incomodidad.

Date a ti mismo la aprobación que anhelas de los demás. Depender de que otra persona te brinde lo que quieres y necesitas es una posición endeble e insegura que da a la otra parte todo el poder; por el contrario, bríndatelo tú mismo. En este caso, trabaja en tu currículum, haz una entrevista de práctica, grábate y mira el vídeo. Utiliza el método STAR para crear repuestas a preguntas conductuales frecuentes y adquiere seguridad contando y repitiendo tu historia laboral.

---

 FUNDAMENTO DE ENTREVISTA PARA CANDIDATOS

Utiliza el método STAR para crear respuestas a preguntas conductuales frecuentes.

**Situación:** Describe la situación en la que estabas o la tarea que debías cumplir. Utiliza el ejemplo real de un trabajo, una clase o un voluntariado, y sé específico.

**Tarea:** Define con claridad el objetivo por el que trabajabas en esa situación.

**Acción:** El entrevistador quiere oír qué hiciste tú específicamente. Utiliza la palabra *yo* junto con verbos de acción dinámicos.

**Resultado:** Describe qué ocurrió y en qué medida fuiste responsable de ello. ¡Es tu momento para brillar! La anécdota debería subrayar cómo fuiste el o la protagonista: cómo retuviste al cliente complicado, o terminaste el proyecto antes de tiempo, o le ahorraste a la empresa 40 000 dólares. La mayoría de las veces, los candidatos dejan al entrevistador en vilo, así que presenta el resultado sin que tengan que pedírtelo. ¡No seas tímido! Una entrevista es el momento y el lugar para hablar de tus éxitos.

Si tienes tendencia a hablar demasiado (o demasiado poco) esta fórmula te ayudará a mantener el rumbo.

Para el entrevistador, utilizar el método STAR significa preguntar por situaciones específicas por medio de preguntas conductuales como: «Describe una situación en la que hayas utilizado la persuasión para convencer a alguien con éxito de ver las cosas desde tu punto de vista» o «Por favor, dime, paso a paso y por medio de ejemplos reales, ¿cómo delegaste responsabilidades en un proyecto?».

No todo rechazo es malo. Muchos Seductores aprenden esto por las malas. Puedes conseguir cualquier empleo por medio de la seducción; pero, recuerda, no se trata de conseguir cualquier empleo, sino de encontrar el adecuado. Definir el éxito para ti es un buen primer paso.

Un buen terapeuta o coach puede ayudarte a ver cómo te limita la búsqueda de aprobación y a establecer un sentido del yo seguro, unos límites sanos y una vida hecha para enorgullecerte a ti, no a los demás.

## Cuando los Seductores abordan bien una entrevista

Los Seductores pueden tener mucha elocuencia e ingenio. Generan una sensación de calidez y conexión. Logran conocerte haciendo las preguntas adecuadas y haciéndote sentir cómodo. A diferencia de otros estilos cuyas preguntas tienen otros objetivos, un Seductor quiere conocerte porque de verdad le importas, cree que la mejor forma de gustar es mostrar interés en el otro. Nos gusta la gente que siente curiosidad por nosotros, queremos abrirnos[3] y compartir con personas que se abren y comparten.

Cuando los Seductores abordan bien una entrevista, equilibran su necesidad de aprobación con la seguridad que surge de saber quiénes son, qué hacen y por qué están cualificados.

Tienen éxito en una entrevista cuando se conocen y pueden venderse con facilidad explicando cómo y por qué encajan en el puesto. Un Seductor identifica con precisión qué necesita el encargado de selección y, como se conoce tan bien, puede expresar sus habilidades transferibles de forma que el entrevistador salga de la reunión con la seguridad de que este puede hacer el trabajo.

A los Seductores se les da bien establecer conexiones, pero para ser bueno en una entrevista no solo tienes que ser simpático, sino también ser técnicamente capaz. Debes poder hablar de lo que te hace estar cualificado por medio de métricas y ejemplos de tu trabajo. De nuevo, el método STAR es una forma excelente de hacerlo. Además de conectar, muestra tus habilidades.

## Cuando los Seductores abordan mal una entrevista

Cuando un Seductor aborda mal una entrevista, a menudo es porque se apoya demasiado en su elocuencia. Habla demasiado y trata de ser el centro de atención. Su capacidad para entretener puede convertirse en un monólogo. Corre el riesgo de sobrevenderse, acabar las frases de sus interlocutores y arrasar en la conversación. Aunque es estupendo que los Seductores sean expresivos, esto puede confundirse con arrogancia.

Los Seductores también dependen demasiado de obtener la aprobación de los demás. Trabajé con un encargado de selección Seductor cuya necesidad de ser querido por todos era opresiva. Dominaba todas sus conversaciones, contaba anécdotas que pensaba que lo hacían ver *cool*, pero en lugar de sonar interesante, daba la impresión de ser inseguro. Su necesidad de agradar tenía el efecto contrario al que pretendía: alejaba a la gente. Cuando los Seductores se centran demasiado en obtener la aprobación de los demás, en lugar de crear un sentimiento de conexión mutua, parecen desesperados.

La causa de que los Seductores se desempeñen mal en una entrevista es su necesidad de aprobación, de gustar y de conectar. Una de las mayores cualidades de los Seductores es su entusiasmo y su interés por el puesto, pero el reverso de la moneda es la posibilidad de parecer desesperados.

Trabajé con un cliente que vino a verme porque no lograba pasar de las primeras rondas de selección. Me contrató para hacer una entrevista de prueba y decirle qué estaba haciendo mal para recibir tantos rechazos. Le hice unas cuantas preguntas típicas y lo vi claro como el agua: se lo veía emocionalmente muy dependiente. De hecho, me dijo que se enorgullecía de que, sin falta, preguntaba al final de cada entrevista: «¿Hay algo de lo que haya dicho hoy que los haga dudar o sentir reservas de contratarme?». A primera vista, esta puede parecer una muy buena pregunta, pero si la combinas con la necesidad de aprobación de un Seductor, se siente incómoda e intensa. Hay otra cosa: los encargados de selección y las personas de Recursos Humanos no están formados para darte *feedback*, no son coachs, así que tampoco van a contestarte con sinceridad.

 **FUNDAMENTO DE ENTREVISTA PARA CANDIDATOS**

Los encargados de selección y las personas de Recursos Humanos no tienen formación para darte *feedback* de tu entrevista. Si lo necesitas, es mejor que contrates a un coach con el que puedas trabajar para mejorar.

Un Seductor también puede abordar mal una entrevista cuando es demasiado amigable. Secundar cada cosa que dice alguien, dar cumplidos exagerados y reírse demasiado con cada chiste puede ser tan repulsivo como grosero. Un Seductor abordará mal una entrevista cuando es demasiado complaciente. Estará de acuerdo con todo lo que salga de tu boca. Si dices algo ingenioso, se entusiasmará; si dices algo estúpido, se entusiasmará igual. Se emocionan demasiado, te apoyan demasiado, son demasiado considerados. Ofrecen elogios y cumplidos generales que no dicen nada. Tienen una imperiosa necesidad de hacer sentir bien a la otra persona, pero su entusiasmo se siente falso o insincero. Son demasiado alegres, demasiado considerados, todo les interesa demasiado, de manera que dan una sensación de falta de autenticidad. Para abordar bien las entrevistas, tienen que calibrar mejor sus elogios y así mantener el valor de sus cumplidos y su emoción. De nuevo, esto se reduce a ser auténticos. No digas algo solo porque creas que la otra persona quiere oírlo, hazlo solo cuando lo pienses de verdad.

Cuando un Seductor aborda mal una entrevista se ha olvidado totalmente de sí mismo. Se le ha olvidado que no tiene algo en común con todo el mundo y que no pasa nada por estar en desacuerdo u ofrecer otro punto de vista. De hecho, la persona con quien te estás entrevistando puede estar esperando que le des tu opinión, que desafíes el *statu quo* y que le lleves la contraria. Ser del todo complaciente no significa que vayan a contratarte; de hecho, puede ser el motivo por el que no lo hagan.

Los Seductores deben reconocer y asumir que pueden no caerle bien a alguien.

El riesgo de ser demasiado amigable es que estés en todas partes y en ninguna al mismo tiempo. Existe un riesgo inherente en ser tú mismo: hay gente a quien puedes no agradarle, ¡y no pasa nada! Cuando un Seductor aborda mal una entrevista, a menudo es porque se ha doblegado para encajar en la idea de lo que cree que la sociedad y otras personas quieren que sea. En el proceso, corre el riesgo de perderse a sí mismo.

## Cómo entrevistar a un candidato Seductor

Los Seductores creen que conseguirán la pasantía, el trabajo o el ascenso por ser simpáticos. Para crear esa simpatía, primero deben crear una conexión, lo que les permitirá adaptar sus respuestas. Se venden alterando tanto lo que dicen como sus actitudes para que encajar con la persona que tienen delante.

A los candidatos, las preguntas complicadas hechas demasiado pronto en la entrevista los descolocan. La conexión es esencial para un Seductor, así que prefiere[4] las entrevistas no estructuradas, pues le encanta que no sean más que una conversación, pero los resultados de las investigaciones son claros: las entrevistas estructuradas dan mejores frutos. Así que avisa a los candidatos que las entrevistas serán así y que todo el mundo tendrá que contestar a las mismas preguntas. Esto hace más sencillo evaluarlos y compararlos. También reduce los sesgos.

### FUNDAMENTO DE ENTREVISTA PARA ENCARGADOS DE SELECCIÓN

Las entrevistas estructuradas —cuando se les pregunta lo mismo a todos los candidatos— son una forma fantástica de reducir los sesgos en el proceso de entrevista.

Para llegar al meollo del asunto y acorralar a un Seductor, se le deben plantear preguntas específicas sobre una situación. Por ejemplo, como a los Seductores les gusta centrarse en lo bueno, pregúntales: «Háblame de tu mayor fracaso. ¿Qué aprendiste y cómo lidiaste con ello?».

Un Seductor poco preparado prefiere las generalidades y, si puede, contestará de forma vaga. Haz preguntas conductuales utilizando el método STAR e informándole al candidato Seductor que estás tratando de descubrir más información sobre su motivación y sus procesos mentales. Haz preguntas específicas acerca de cuántas veces ha hecho algo, pide datos y anímalo a describirte, con hechos, números y detalles, cómo hace su trabajo.

## Cómo entrevistarse con un encargado de selección Seductor

Los Seductores buscan, ante todo, establecer una conexión. Si te está entrevistando un encargado de selección Seductor, esfuérzate por conectar, empezando por entablar una conversación casual y preguntarle cómo está. Resiste el impulso de ir directo al grano. Como encargados de selección, los Seductores pierden el interés en los candidatos que hacen preguntas difíciles sin haber tratado de conocerlos primero, así que guarda tus preguntas para cuando hayas establecido una conexión.

Según la Comisión de Igualdad de Oportunidades Laborales (EEOC, por sus siglas en inglés), responsable de las leyes para eliminar los sesgos del proceso de entrevista, una entrevista es un examen y debe realizarse como tal: con una serie de preguntas y un límite de tiempo. A los encargados de selección Seductores no se les da bien esto. De hecho, es lo que más le cuesta superar porque priorizan que les caiga bien el candidato y querer trabajar con él. Eso no significa que les dé igual si está o no cualificado, pero la conexión va por delante de la cualificación. Por ejemplo, si eres un Analista en las entrevistas, tu prioridad es ser percibido como cualificado; por lo tanto, quizá tengas que reformular los ejemplos que utilizas para cumplir este objetivo y convertirlos en anécdotas mediante el método STAR.

Un encargado de selección Seductor pasará por alto problemas con base en cuán bien le caiga una persona. Esto los ciega y, peor aún, si alguien los baña en elogios y cumplidos —la kryptonita del Seductor—, son todavía más propensos a ignorar las señales de alerta. Si quieres gustarle a un encargado de selección Seductor, no tienes más que hablarle de cuánto te agrada y cuánto te impresiona quién es y lo que ha construido.

Trabajé con un restaurante grande que tenía una rotación importante en el puesto de recepcionista. Asumían que se debía a que estaban contratado a la gente equivocada, pero yo deduje que el problema estaba en cómo entrevistaban. Les hice una consultoría y los supervisé a lo largo de tres entrevistas seguidas. El gerente general y su asistente eran quienes se ocupaban de ello y, como pertenecían a la industria de la restauración, eran muy amigables. Conversaban con los candidatos y querían que se sintieran cómodos. No hacían ninguna de las preguntas de entrevista tradicionales y se limitaban a preguntar sobre cuándo podían empezar y por su disponibilidad. Cuando se fue el último candidato, dije: «Deben ser mucho más duros. No han hecho más que hablar con los candidatos como si fueran clientes. Para entrevistar van a tener que cambiar su enfoque y tono porque no pueden no hacer preguntas». Esto les chocó, pero también los alivió. En la siguiente ronda de entrevistas les tocó observarme a mí y les mostré cómo equilibrar la simpatía con obtener respuestas. Así que nos reunimos unas cuantas veces más para diseñar mejores preguntas de entrevista y practicar.

Como encargado de selección Seductor, tu inclinación natural es querer caer bien y que te caiga bien la otra persona, pero esto puede ser un obstáculo para ti. Debes dejar esto de lado para poder ver, en primer lugar, si tu candidato está siquiera cualificado. En cuanto sepas esto, puedes empezar a pensar en si te cae bien.

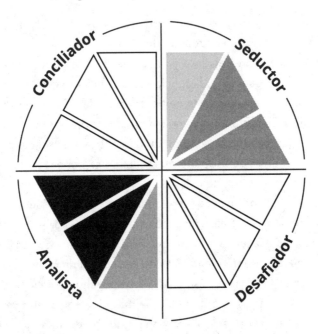

## Cómo aborda un Seductor una entrevista con su opuesto: el Analista

Cuando un Seductor se entrevista con su opuesto, el Analista, quizá sienta que solo le importa cómo hace su trabajo, cuáles son sus cualificaciones y sus debilidades. Quizá también sienta que no le da la oportunidad de conectar a un nivel interpersonal, porque los Analistas son demasiado prácticos. También son más reservados y, a diferencia de los Seductores, no se valen de conversaciones personales para conectar cuando conocen a alguien. Les cuesta más encariñarse con alguien, y por lo tanto, darles espacio para hacerlo a su propio ritmo y respetar su privacidad es mejor táctica que tratar de conectar desde el primer momento. Los Seductores a menudo dependen de sus anécdotas y de su habilidad para conectar, pero, cuando se entrevistan con un Analista, es mejor que se centren en los resultados de su trabajo y que utilicen métricas en lugar de un lenguaje vago.

Los Seductores deberían bajar el tono y el ritmo de la conversación en presencia de un Analista.

También deberían utilizar su capacidad de ser flexibles con su estilo para adaptarse a las necesidades de los demás. Percibe lo que espera el Analista y cambia tu enfoque para dárselo.

## Cómo equilibrar tu enfoque para acceder al resto de estilos

Los Seductores pueden alcanzar un mayor éxito si utilizan rasgos de otros estilos para equilibrar sus tendencias naturales:

- *Pueden tomar prestada la firmeza de los Desafiadores y no preocuparse tanto de caer bien para poder ser ellos mismos.*

- *Pueden tomar el enfoque profesional de los Analistas y señalar sus cualificaciones tanto como su simpatía.*

- *Pueden aprender más de su audiencia si utilizan las tendencias de los Conciliadores y preguntan más cómo podrían adaptarse a la cultura de la empresa en lugar de venderse a la compañía.*

### Consejo para Seductores

Vale la pena ser tú mismo.

### Mantras preentrevista para que los Seductores lidien con su necesidad de caer bien

«Equilibra carisma y cualificaciones».

«Equilibra tu necesidad de gustar con la demostración de por qué estás cualificado».

«No pasa nada si no le caes bien a todo el mundo».

## Conclusiones clave para candidatos Seductores

- Decirle a alguien lo que quiere oír no es una buena estrategia a largo plazo. Quizá te contraten, pero no puedes fingir para siempre y, cuando pares, quizá descubras que ese puesto no es para ti.

- No te distraigas tanto buscando crear una conexión que te haga olvidar comentar tus cualificaciones. Las relaciones son importantes, pero las capacidades también.

## Conclusiones clave para encargados de selección Seductores

- Una entrevista estructurada da mejores resultados y te permite comparar candidatos con mayor facilidad.

- Querrás inclinarte por candidatos que te caigan bien, pero debes oponerte a ese impulso. Lo que quieres es contratar a alguien que sepa hacer el trabajo, no te apoyes demasiado en cuán bien te caiga el candidato.

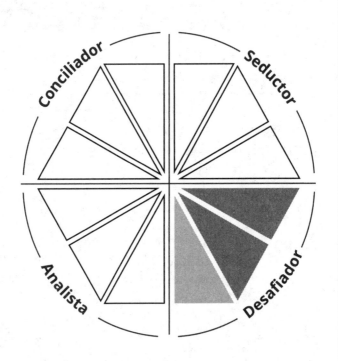

**DESAFIADOR.** Interesantes y provocadores, se abren en las entrevistas y se enorgullecen de su honestidad. Están centrados en su experiencia interna y no necesitan complacer a nadie. Son sociables y les gusta ofrecer nuevas perspectivas. Harán pensar al entrevistador. Rompen con lo establecido y a menudo son introspectivos. Dan la impresión de ser impávidos y perseverantes. No les preocupa demasiado caerle bien al entrevistador. Su prioridad es ser ellos mismos. Quieren sentirse escuchados. Suelen sospechar de cualquiera que sea demasiado amigable e incluso mostrarse escépticos ante el encanto.

# 7

# Desafiador

«Quiero ser yo mismo».

E mpecé a enseñar habilidades de entrevista a estudiantes universitarios en 2011. Desde entonces, cada miércoles, viernes y sábado he impartido un taller de tres horas sobre esta materia. (Ya llevo más de quinientos). Sin falta, en casi cada uno de estos talleres me encuentro con alguien que cree que la clase será una pérdida de tiempo. Los reconozco al instante. Mientras esperamos a que termine de llegar todo el mundo y yo estoy organizando mis cosas, son los que siempre andan preguntando a la gente: «¿De verdad esto dura tres horas?». Suspiran, están inquietos, se muestran irritados. Si la persona que tienen sentada al lado no les da la razón, hablan más alto, se voltean en sus asientos y buscan en la sala a cualquiera que se deje enganchar para hacerlo sentir tan contrariado como ellos.

Me encantan estos estudiantes. No soy escéptica, pero necesitas a alguien que sí lo sea en el aula, así que siempre me alegro de que estén ahí. Cubren una función importante en el ecosistema de aprendizaje. Como instructora, me gusta enseñar a los escépticos.

Siempre son los más difíciles de convencer, así que, cuando logro ponerlos de mi parte, sé que he hecho bien mi trabajo. Para el resto de los estudiantes, el escéptico será quien haga las preguntas complicadas y quien dé la cara de una forma en que muchos no se atreverían, lo que hace la clase más interactiva.

Durante uno de estos talleres, un alumno escéptico arrancó incluso antes de que empezara a dar la clase, declarando que no tenía ninguna necesidad de estar ahí, que él ya sabía cómo hablar en una entrevista. Según él, las entrevistas no son «algo que pueda enseñarse. Ya sabes, improvisas sobre la marcha y ya».

Lo que tanto él como muchos escépticos defienden es otro de los mitos generalizados sobre las entrevistas, que me gustaría desmentir antes de seguir adelante: que las entrevistas no son algo para lo que puedas prepararte; que te irá mejor si improvisas porque, si no, sonarás artificial.

En todos los años que llevo enseñando a la gente a entrevistarse, nunca he conocido a nadie a quien le fuera mejor «sobre la marcha». Es un mito que la gente se repite para no tener que esforzarse, para no tener que prepararse. Como la mayoría de los mitos, suena bien: «Tengo que estar en la entrevista para contestar a estas preguntas», «No quiero sonar artificial». Me lo han dicho en incontables ocasiones a lo largo del tiempo y siempre contesto lo mismo: «Muy bien, veamos cómo lo haces». Les hago la más básica de las preguntas de entrevista: «Háblame de ti». Entonces, tartamudean, parlotean y se repiten. Después se disculpan porque entienden que no se les da bien contestar sobre la marcha.

Si no puedes[1] desempeñarte bien en una entrevista de prueba, tampoco lo harás en una de verdad. Esto es como cualquier otra cosa: si quieres hacerlo bien, tienes que practicar. Si no das la talla durante las prácticas, tus probabilidades de lograrlo con la presión del tiempo, contrincantes y público son virtualmente nulas. Todos los grandes atletas practican. A los mejores encargados de selección se les dan bien las entrevistas porque han hecho miles. Yo misma me volví buena porque tengo mucha experiencia. Cuantas más entrevistas hagas, mejor se te dará; es cierto que la práctica hace al maestro.

## FUNDAMENTO DE ENTREVISTA PARA ENCARGADOS DE SELECCIÓN

Los encargados de selección tienen menos experiencia que los candidatos y el 90 % no tiene ninguna formación para entrevistar. No es que se te dé mal entrevistar, es que te falta preparación.

A los Desafiadores a menudo les cuesta practicar. Por encima de todo, quieren ser ellos mismos y creen que practicar hará que la entrevista se sienta forzada y artificial. A menudo, los Desafiadores se resisten a la idea de practicar, igual que aquel estudiante de mi clase. Pero la confianza surge de esta práctica. He sido coach de clientes que me han dicho que deberían haber hecho ese trabajo diez años antes. He trabajado con encargados de selección con más de treinta años de experiencia que tuvieron que aprender por las malas. He enseñado a estudiantes universitarios que me han dicho que descubrir quiénes son y aprender a hablar de sí mismos ha sido lo más productivo que han hecho en toda su educación universitaria. Es un esfuerzo, pero vale la pena.

## Los Desafiadores ven las entrevistas como una investigación

De todos los estilos de entrevista, los Desafiadores son quienes más priorizan ser ellos mismos: son valerosos, se enorgullecen de alzar la voz y valoran la integridad.

A diferencia de los Seductores, que buscan aprobación, los Desafiadores buscan respeto; quieren ser ellos mismos y quieren que se los escuche. Demuestran que están cualificados haciendo preguntas complicadas. Ven la entrevista como un debate o un interrogatorio.

Hay una cosa que los Desafiadores entienden[2] mejor que el resto de los estilos: no vale la pena fingir ser algo que no eres. Muchos de ellos me han confesado que les resulta imposible fingir. Una vez, formé a un Desafiador que me dijo: «Me siento limitado por la integridad». Esto se debe a que los Desafiadores son firmes. En cuanto se comprometen con una respuesta que sienten como auténtica, nada podrá desviarlos de ella, seguirán su camino los acompañes o no. Como les gusta tomar la iniciativa, al entrevistarlos a menudo te hacen sentir que estás ahí para contestar a sus preguntas y quitarte de en medio.

Hace unos años, conocí a L. Wayne Hoover, experto en entrevista forense (CFI, por sus siglas en inglés), en una conferencia de la Sociedad para la Gestión de Recursos Humanos (SHRM, por sus siglas en inglés). Cuando me presenté, le dije: «Me especializo en enseñar a la gente a abordar las entrevistas». Y él me contestó: «Yo también». ¡Me emocioné muchísimo! Nunca había conocido a nadie más que se especializara en lo mismo que yo. Se quitó la mochila para probarlo; estaba engalanada con el logo de su organización: Wicklander-Zulawski & Associates, la empresa líder en formación en entrevista de investigación: *La formación que descubre la verdad.* Fue un flechazo.

Wayne es un socio *senior* en Wicklander-Zulawski & Associates y, antes de eso, fue comisario de la policía de Chicago. También es el presidente de la Asociación Internacional de Entrevistadores (IAI, por sus siglas en inglés). Nos pasamos las siguientes dos horas conversando sobre nuestra disciplina. Él era interrogador y es uno de los profesores más reconocidos en el mundo de las técnicas de las entrevistas investigativas. Su organización trabaja con compañías forenses y organiza seminarios por todo el mundo para enseñar sus técnicas de entrevista investigativa. Parte de su lista de servicios consiste en enseñar a los encargados de selección a entrevistar utilizando técnicas similares a las que aprenden los agentes de policía y detectives, y que proporcionan a los investigadores en seguridad patrimonial, Recursos Humanos y operaciones —entre otros— métodos morales, legales y éticamente aceptables para desvelar la verdad en el lugar de trabajo.

Le pregunté a Wayne sobre las técnicas de interrogación y me contó una anécdota tras otra. Yo compartí mi perspectiva corporativa; nos dimos mucho que pensar y nos hicimos amigos de inmediato. Lo respeto profundamente. Unos meses más tarde, les mandé a su socio y a él nuestra evaluación de estilos de entrevista y, como había predicho, resultó ser un Desafiador.

Los Desafiadores creen en encontrar la verdad, igual que reza el logo corporativo de Wayne. Son escépticos y van a las entrevistas con la convicción de que hay algo que el candidato o el encargado de selección se están callando, y que su trabajo consiste en llegar al fondo de la cuestión.

Wayne es una persona respetuosa. Es cálido y amable, pero no creí ni por un segundo que confiara en mí. No dudó ni un instante en tratar de conocerme. Me sentía un poco tensa, como si me estuviera estudiando, como si me conviniera contestar bien a sus preguntas o fuera a descubrir todos mis secretos. No fue en absoluto agresivo; al contrario, fue suave. Como dijo, confiaba en el sistema. Su aura provenía más bien de la forma en que planteaba las preguntas en un orden determinado para que su interlocutor se expusiera y le revelara su verdad. Un Desafiador de cabo a rabo.

## Julia

Trabajé con una clienta, Julia, que era abogada. Tenía mucha experiencia como fiscal y litigadora, tanto en casos penales como civiles. Me buscó porque necesitaba prepararse para una entrevista para el puesto de jueza. En su condado, solo se abren posiciones como esa cada diez años. Nueve años atrás, se había presentado a una entrevista similar para un tribunal familiar y no había conseguido el puesto debido a su desempeño durante la entrevista. No quería que volviera a ocurrirle.

En nuestra primera sesión, me contó que no le gustaba prepararse para las entrevistas porque no quería sentir que tenía un guion. No era la primera vez que oía esto. Le pregunté:

—¿Te preparas para los juicios?

—Por supuesto —contestó.

—¿Y por qué esto tendría que ser distinto?

Hizo una pausa.

—Bueno, no quiero prepararme porque no me gusta hablar de mí misma.

Parte de la preparación para una entrevista consiste en tener la mentalidad adecuada. Es un juego mental. Julia no solo tenía que aprender a sentirse cómoda hablando de sí misma, sino que primero tenía que verse merecedora de la posición a la que era candidata. En cuanto lo logró, por fin pudo empezar a prepararse para venderse.

Muchos clientes a los que no les gusta «venderse» me dicen que se debe a que lo sienten como alarde. Según tu mentalidad, una entrevista puede ser un escenario, una celda de aislamiento o una sala de tortura. Si entras pensando que estás obligado a venderte, tu desempeño se resentirá; en cambio, trata de planteártelo como algo que te haga sentir más cómodo. En lugar de pensar en venderte, piénsate como un producto: no te estás vendiendo tú, sino que les estás vendiendo la solución a su problema. Todo encargado de selección tiene un problema: una vacante que cubrir. Y ese problema necesita una solución. Salte de la ecuación. Sé la solución. Este truco les ha funcionado a muchos de mis clientes, fueran o no Desafiadores.

Con eso solucionado, pudimos analizar minuciosamente qué había ocurrido cuando hizo aquel desastre de entrevista tantos años atrás.

—¿Qué ocurrió hace nueve años? ¿Por qué crees que la entrevista no fue bien?

Me contó:

—Cuando llegué al edificio municipal donde se estaban haciendo las entrevistas, me encontré con alguien en el aparcamiento que me dijo: «Eres la mejor candidata. Tendrías que hacerlo muy mal para que no te dieran el puesto». Entonces, entré para hacerles saber que había llegado y me avisaron que iban con retraso. Me hicieron esperar en una salita de archivo y me pasé ahí dos horas. Estuve todo ese tiempo al borde de un ataque de nervios.

A Julia no le costaba nada contestar a preguntas legales o lidiar con un juzgado entero. Controlaba perfectamente todos los asuntos técnicos, pero no se le había ocurrido preguntarse o preparar una respuesta a la pregunta «¿Por qué tú?» porque no quería hablar de sí misma. Entendía la entrevista como una investigación sobre sus aptitudes técnicas y, cuando tuvo dos horas para sentarse a pensar en por qué era la mejor candidata, se vio asaltada por la duda.

Durante la entrevista, su interlocutor le preguntó: «¿Por qué has aplicado a un juzgado de familia? Tu hoja de vida y tu candidatura me hacen pensar que serías perfecta para el Tribunal Superior. Si te damos este puesto, ¿te irás para allá en cuanto se abra una vacante?». A un Desafiador le cuesta mucho dar una respuesta diplomática a preguntas como esta porque priorizan la integridad, así que la primera respuesta que se les pasa por la cabeza es considerada como «la verdad». En el caso de Julia, dijo: «Sí, lo haría». Muy bien, esa era la verdad, pero una respuesta más diplomática hubiese sido: «Como habrá visto en mi hoja de vida, tengo mucha experiencia y eso es precisamente lo que creo que me haría la mejor jueza del juzgado de familia. He ahí por qué...». Los Desafiadores no hacen esto. Julia contestó a la pregunta sin rodeos y le dieron el puesto a otra mujer. No hace falta decir que, antes de su siguiente entrevista, trabajamos en sus habilidades diplomáticas y practicamos cómo responder preguntas indirectamente y utilizarlas mientras se posicionaba para el trabajo que quería.

## Enfoque y estilo

Los Desafiadores se centran en su experiencia interna. No ajustan sus respuestas o su actitud a partir de la señales verbales y no verbales de su interlocutor. A menudo llegan a la entrevista con una respuesta en mente y no la cambian. Mientras un Seductor o un Conciliador se adaptarán rápido, sobre la marcha y modificando sus respuestas, un Desafiador se mantendrá firme.

Los Desafiadores tienen una profunda necesidad de ser escuchados. Lo mismo que hace fácil entrevistar a un Seductor, convierte a los Desafiadores en... bueno, un desafío, pero eso forma parte de su encanto. Los Desafiadores demuestran su valía compartiendo ideas nuevas, encontrando flaquezas y haciendo preguntas. Necesitamos gente que haga las preguntas complicadas, nos hacen falta escépticos y no creyentes. El mundo necesita gente limitada por su integridad, gente que no tema hablar de cosas difíciles y hacer presión.

En un contexto de entrevista, ir directo al grano puede descolocar a tu interlocutor. El deseo de los Desafiadores de ser claros y poner todas las cartas sobre la mesa puede impedirles ser diplomáticos y dar una buena impresión, que es lo que le pasó a Julia.

Al principio de mi carrera en Recursos Humanos, recién salida de la universidad, entrevisté a un candidato que, casi desde el comienzo, me interrumpió y me preguntó cuáles eran mis cualificaciones. Supongo que, en el fondo, no quería que le hiciera ninguna pregunta que yo misma no supiera responder. Los Desafiadores requieren de un elemento de justicia, equidad y equilibrio. Si algo no les parece justo, les cuesta seguir adelante, necesitan justificaciones.

Los Desafiadores son extrovertidos, así que se abren con facilidad, pero no les gusta hablar de sí mismos como a un Seductor.

Las respuestas de entrevista de un Desafiador pueden ser directas, firmes y sin rodeos. Sin embargo, eso a veces puede ir en su contra. Su honestidad puede ser un obstáculo.

Los Desafiadores se muestran escépticos ante el encanto. Como candidatos, lo que quieren es «ponerse manos a la obra» o «encontrar la solución». Ya que la integridad es tan importante para ellos, un elemento crítico de la entrevista es descubrir la verdad. No los impresiona la conversación casual, la creación de vínculos o las anécdotas. Quieren ir al meollo del asunto, quieren que les hables de los muertos en el clóset. No se esconden de temas incómodos, lo que puede ser un problema si no los abordan en el momento adecuado. Una vez, le hice una entrevista de prueba a un cliente en preparación para una entrevista con una importante correduría de seguros que acababa de hacerse un cambio de imagen. Le hice unas cuantas preguntas típicas de entrevista y, entonces, me interrumpió: «¿Podría hablarme del plan de la compañía para arreglar su reputación?». Creo que existen un momento y un lugar para esta pregunta... y solo un cuarto de hora de entrevista no lo es.

La necesidad de los Desafiadores de encontrar la verdad es su mayor virtud: quieren respuestas y quieren darte su opinión. Un Desafiador ve la entrevista como una oportunidad para ser escuchado. Quiere usarla para hablar de lo que le preocupa y de cualquier problema que pueda tener. Los Desafiadores se venden compartiendo sus ideas y experiencias, y haciendo preguntas difíciles.

Hablan para pensar, lo que significa que necesitan conversar para formular sus ideas, pero también creen que es poco profesional expresar una idea a medio cocer, así que a veces pueden soltar largos monólogos. Cuando hago de coach con un Desafiador, como Julia, lo animo a reflexionar bien sobre sus respuestas antes de tiempo para así poder transmitir su mensaje sin perder a su audiencia. Esto fue algo particularmente importante para Julia, a quien le esperaba una entrevista panel cronometrada con mucho en juego, así que tenía poco margen para pensar sus respuestas sobre la marcha.

A diferencia de los Seductores, para un Desafiador, conseguir agradarte no es una prioridad. Se centran en ser directos y en comportarse con integridad. Si encima te caen bien, pues mejor. Cuando los entrevistas, es habitual sentir que no estás estableciendo una conexión si no contestas adecuadamente a sus preguntas. Los Desafiadores crean vínculos con el tira y afloja de las preguntas, no con la conversación casual.

Un domingo, recibí la llamada de una mujer muy agitada. Me contó que llevaba tiempo buscando trabajo, pero que nunca conseguía el puesto tras las entrevistas. Tenía que hablar conmigo cuanto antes porque estaba a punto de tener una entrevista final y necesitaba mi ayuda. Establecimos una cita y tuvimos una sesión. Le hice unas cuantas preguntas que contestó con brusquedad. Sus respuestas eran decididas, pero no en el buen sentido. Había decidido algo y eso era todo. Carecía de sensibilidad, tacto o sutileza, e iba al grano de forma directa y terminante.

Sus respuestas me dejaron con la impresión de que pretendía hacerme sentir inferior o estúpida. Su objetivo era mostrar su superioridad escupiendo todo lo que sabía. Mi trabajo como coach era señalarle esto con delicadeza y explicarle por qué su empuje podía jugar en su contra. De hecho, «empuje» es la mejor forma de describirlo. Se sentía físico.

Cuando imité lo que había estado haciendo, hubo una larga pausa. Entonces, dijo: «Dios mío, soy una pendeja». Le contesté con suavidad: «No pasa nada. No eres una pendeja. Solo es la forma en que contestas a las preguntas. Puedo ayudarte. Pensemos en una forma de suavizar tu enfoque que todavía se sienta auténtica».

Claro que esto se trata de un ejemplo extremo. Como coach, fui capaz de mirar más allá de su brusco exterior porque mi trabajo es ayudar a mis clientes a venderse. Pero como encargada de selección, no la hubiese contratado. No me hubiese caído bien.

Luego de que identifiqué los cuatro estilos, mi trabajo se simplificó mucho. Me volví capaz de distinguir con facilidad la prioridad de alguien en una entrevista, así que ahora tardo mucho menos en ofrecer críticas constructivas. Mediante el conocimiento del estilo de mis clientes, entendí sus tendencias naturales y, por lo tanto, pude aconsejarlos y ayudarlos a alinear sus respuestas con quiénes son en realidad. En el caso de esta clienta, supe que si me limitaba a decirle «Trata de ser más agradable» o «Diles lo que quieren oír» no lo hubiese hecho; ni siquiera me hubiese tomado en serio, pues un Desafiador necesita ser él mismo a cualquier precio. Los consejos tradicionales de entrevista me habrían sugerido que le pidiera que se comportara de otra forma. Pasamos gran parte de nuestras vidas escuchando que tenemos que mejorar nuestras debilidades y no que debemos utilizar nuestras fortalezas. Como dicen en StrengthsFinder[3]: «Las personas tienen mucho más potencial de crecimiento cuando invierten su energía en desarrollar sus fortalezas en lugar de corregir sus deficiencias».

Quiero que los Desafiadores sean ellos mismos. Quiero que absolutamente todo el mundo pueda apoyarse en sus fortalezas, identificar lo que funciona y utilizarlo. A menudo dependemos demasiado de nuestras tendencias naturales; somos demasiado Seductores o Desafiadores. Nuestro objetivo debe ser encontrar un equilibrio.

## Variaciones del Desafiador

Como en todos los estilos, existen variaciones entre los Desafiadores. Como verás en el hexágono de los estilos de entrevista, los Desafiadores lindan con los Seductores y los Analistas, y a menudo comparten rasgos con ellos.

### RASGOS QUE LOS DESAFIADORES COMPARTEN CON LOS SEDUCTORES

- *Sus respuestas son expansivas.*
- *Resuelven los problemas por medio del diálogo.*

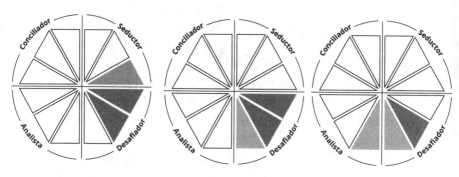

De izquierda a derecha: Desafiador con tendencias de Seductor, Desafiador y Desafiador con tendencias de Analista

- Saben lidiar bien con preguntas de personalidad.
- Se abren con facilidad, utilizan anécdotas para ilustrar experiencias e incluyen tanto objetivos como fracasos.
- Hablan para pensar.
- Pueden llevar la batuta en una conversación y lo harán independientemente de la dinámica de poder, sean candidatos o encargados de selección.

## RASGOS QUE LOS DESAFIADORES COMPARTEN CON LOS ANALISTAS

- Se centran en su experiencia interna.
- Se enfocan en las tareas.
- Se apoyan en sus habilidades técnicas.
- Son resueltos e inflexibles.
- Creen que los hechos y la verdad importan.

- *Les incomoda la ambigüedad.*

- *Se sienten incómodos vendiéndose.*

- *No les gusta cuando la entrevista es superficial. Prefieren hacer o contestar preguntas conductuales o técnicas.*

- *Pueden prescindir de la palabrería, no necesitan conversación casual.*

- *Saben de qué maneras sus habilidades son relevantes para el puesto.*

- *Dan una buena impresión siendo serios y estando cualificados.*

- *Valoran el saber hacer.*

- *Son cautos.*

- *Su confianza brota de su intelecto.*

Debido a este solapamiento, existen dos variaciones del estilo Desafiador: el Desafiador/Seductor y el Desafiador/Analista. Observemos qué diferencia a estas tres clases de Desafiadores.

## Desafiador/Seductor

Un Desafiador/Seductor es extrovertido, pero menos resuelto que un Desafiador y que un Desafiador/Analista porque es más complaciente, pero solo hasta cierto punto. Es extrovertido, de forma que saca energía de las entrevistas y capta las señales de su interlocutor, así que, en lo que se refiere a sus cualificaciones y a otras cuestiones técnicas, a diferencia de los Desafiadores, sus respuestas pueden variar sensiblemente según lo que crea que la otra persona quiere oír. Un Desafiador con tendencias de Seductor es el más flexible de todos los Desafiadores. Es decidido en su enfoque y siente que puede persuadir, convencer y engatusar a un entrevistador siendo persistente, concienzudo e impávido.

## Desafiador

Un Desafiador (sin ninguna variación) es extrovertido y resuelto. Los Desafiadores sacan su energía de los demás, se abren con facilidad y les gusta explicarse. De todos los estilos de entrevista, son los más audaces. Prefieren las entrevistas no estructuradas que parecen conversaciones. Hablan para pensar y tienden a extenderse demasiado. Están centrados en su experiencia interna y su estilo no cambia según la situación. Van más allá de lo establecido, hacen preguntas difíciles y quieren ser percibidos como honestos.

## Desafiador/Analista

El Desafiador/Analista es extrovertido con tendencias introvertidas. Es el más contenido de los Desafiadores. Los Desafiadores/ Analistas prefieren retraerse y mostrarse solo cuando se les pide. Se contienen más que los Desafiadores y que los Desafiadores/ Seductores. Se ganan el respeto siendo precisos y profesionales. Buscan atención compartiendo lo que saben. Tienden a buscar un equilibrio con su interlocutor, así que, si este es extrovertido, se comportarán de forma más introvertida, y viceversa. Los Desafiadores con tendencias de Analista permiten que una personalidad más dominante los guíe. Son específicos. Hacen preguntas difíciles y no las sueltan.

## Conclusiones clave

### Cómo saber si estás hablando con un Desafiador

- Los Desafiadores critican.

- Evalúan la situación.

- Son decididos.

- Les gusta ofrecer una nueva perspectiva y examinar un tema para profundizar en su comprensión.

- No les da miedo hacer preguntas difíciles.

- Entrevistar les parece un debate o un interrogatorio.

- Si quieres gustarle a un Desafiador, dile que lo respetas y lo escuchas.

- Te cuestionan para que los percibas como cualificados.

(Para practicar la identificación de los distintos estilos, remítete a la actividad «Descifrar los estilos de entrevista» en el Apéndice).

## Fortalezas y fortalezas sobrexplotadas

Los Desafiadores tienen muchas fortalezas, pero cuando no están equilibrados sus intenciones pueden ser malinterpretadas. La siguiente tabla muestra sus fortalezas y cómo estas pueden percibirse cuando se sobrexplotan.

| Fortalezas | Fortalezas sobrexplotadas |
| --- | --- |
| Fuertes | Inflexibles |
| Apasionados e interesados | Demasiado apasionados, intensos |
| Honestos | Faltos de tacto y poco diplomáticos |
| Decididos | Arrogantes |
| Cualificados | Demasiado centrados en las cualificaciones y poco interesados en establecer una conexión |
| Duros/luchadores | Demasiado agresivos, siempre en busca de un oponente |
| Muestran su valía proponiendo nuevas ideas | Demasiado críticos, incapaces de ver lo bueno o positivo |
| Críticos | Sentenciosos |

# 8

# Entrevistarse con un Desafiador

D i una formación a un grupo de veinte ejecutivas en el contexto de un programa de liderazgo de un año. Nos veíamos una vez al mes y tratábamos temas como establecer objetivos, evaluar a los empleados y abordar una entrevista. Esta última fue, por mucho, la sesión más popular. Tanto así que me pidieron que la dividiera en dos meses. Una de estas mujeres estaba en pleno proceso de contratación y le pareció que mi formación llegaba en muy buen momento. Realizó la evaluación de estilos de entrevista y le reveló que era una Desafiadora. El resultado le pareció apropiado. En el contexto de la formación, tomamos turnos de palabra y todas compartieron sus estilos.

Ella confesó que no le parecía bien cómo entrevistaba la mayoría de la gente y que estaba convencida de que ser tú misma en una entrevista era la mejor forma de mostrar tus cualificaciones, habilidades y capacidades. (Igual que todas y todos pensamos que nuestro estilo es el mejor).

Era directa, no se andaba con tonterías y estaba decidida a contratar a la persona perfecta. Cuando terminaron los turnos de palabra y escuchó cómo todas sus compañeras veían las entrevistas de forma distinta, se dio cuenta de que estaban tan comprometidas como ella en contratar a la persona perfecta y entendió que, quizá, su forma de hacer las cosas no era la única; quizá, un candidato encantador no estaba tratando de engañarla y uno callado sí podía estar interesado; quizá, incluso, una persona complaciente sí que sabía lo que quería.

En el contexto de la formación de entrevista, enseño a mis clientes a escribir lo que quieren por adelantado y a contárselo a un compañero de responsabilidad, preferiblemente a alguien que vaya a coentrevistar con ellos. Es muy habitual que cambiemos de opinión durante el proceso de contratación cuando conocemos a los candidatos: «Bueno, pensé que quería a alguien con unas habilidades concretas, pero ahora quiero lo que esta persona me ofrece». Nuestro sesgo se interpone en el camino cuando malinterpretamos los estilos que no entendemos.

Mi alumna se pasó el siguiente mes haciendo entrevistas para la vacante que tenía abierta y, basándose en la formación, se cuestionó por qué le gustaban los candidatos que le habían gustado.

Cuando nos reunimos al mes siguiente para la segunda parte de nuestra formación, levantó la mano y dijo: «Como ya saben, estoy en mitad de un proceso de contratación para una vacante en mi departamento y he utilizado las técnicas que aprendimos el mes pasado. Denise es mi compañera de responsabilidad; le dije lo que necesitábamos en el candidato y coentrevistó conmigo. Durante las entrevistas, tenía claro quién era mi favorito. Me gustó mucho el primer candidato porque contestó a mis preguntas directamente. El segundo me puso de los nervios durante la entrevista: tardaba demasiado en contestar, se tomaba pausas y era muy reflexivo. Cuando nos reunimos tras las entrevistas, compartí todo esto con Denise. Ella me llevó la contraria y me hizo ver que el segundo candidato tenía las cualidades adecuadas para el puesto. Por mucho que no quisiera admitirlo, tenía razón. Es cierto que era lo que necesitaba, pero me costaba verlo cuando sentía una conexión mucho más fuerte con el otro candidato. Así que terminé contratando al que me había sacado de mis casillas durante la entrevista. Empezó la semana pasada y, por el momento, es la mejor contratación que he hecho en la vida».

Igual que en esta historia, a muchos Desafiadores les cuesta conectar con el resto de los estilos. Muchos encargados de selección se buscan problemas cuando no dejan de contratar a candidatos iguales a ellos. Les digo: «No necesitas a otro tú. Ya te tienes a ti, así que necesitas a alguien distinto». Pero es muy complicado ver más allá de nuestro propio estilo, aceptar que cuando otros hacen las cosas de forma distinta, también pueden tener razón. Entrevistar mejor supone tener en cuenta los estilos y diferencias de otras personas.

## Por qué los Desafiadores necesitan ser escuchados

Uno de nuestros anhelos más profundos es que otras personas reconozcan nuestros sentimientos, entiendan nuestro sufrimiento y vean nuestras ansiedades. Los Desafiadores encarnan esto. Dejan huella exponiéndose para poder ser vistos. Necesitan ser escuchados.

Un Desafiador se convierte en un desafío mayor cuando no se le está validando o escuchando. Quizá sea porque en el pasado no se le escuchó cuando hizo falta. Su necesidad de desafiar nace del miedo a no ser escuchado, a que su punto de vista sea irrelevante, a no ser lo suficientemente bueno.

Debido a su necesidad de ser escuchado, un Desafiador puede menospreciar a otros siendo demasiado testarudo e insistiendo en su versión de la historia, dejando de lado los puntos de vista y opiniones de los demás. Discrepa instintivamente de sus interlocutores porque cree que es la mejor manera de mostrar que está cualificado. Cree que ponerlo todo en duda es un valor añadido, de la misma forma en que un Seductor cree que ser simpático es un valor añadido. Por lo tanto, un Desafiador no siempre puede oír las opiniones de los demás porque no está tratando de escuchar.

## Cómo pueden los Desafiadores gestionar su necesidad de ser escuchados

Los Desafiadores no son los únicos que quieren que los entiendan. Nuestro anhelo de ser escuchados se reduce cuando nos sentimos reconocidos, pues las emociones se aplacan cuando pueden ser expresadas. Encuentra a alguien en quien confíes, alguien con quien puedas ser vulnerable para practicar tu enfoque. Encuentra una perspectiva externa que te diga qué impresión estás dando. No necesitarás que se te valide en una entrevista si ya vienes validado de casa.

Practica en entrevistas de prueba y ensaya cómo hablar de ti mismo para no eternizarte. Acostúmbrate a reconocer que las opiniones de otras personas también son valiosas y que no eres el único que quiere ser escuchado o que tiene una historia que contar.

Reconoce que otros también necesitan que los escuchen y que tu necesidad no es más importante que la suya, que tu enfoque puede ser injusto con ellos. De la misma forma que un Seductor/Conciliador es injusto consigo mismo poniéndose por detrás de todo el mundo, tú eres injusto con los demás poniéndote por delante.

Dar malas noticias con franqueza, ser demasiado directo con una pregunta difícil o criticar en un tono cortante es insensible con tus interlocutores. Aprende que hay un momento y un lugar para insistir en tu punto de vista, y escoge cuándo luchar.

En lugar de dar un puñetazo sobre la mesa y reiterar tu opinión, reconoce que hay momentos en que es mejor evitar el conflicto, que no todas las batallas deben ser peleadas y que hay situaciones donde no se puede dar una lección. A los Desafiadores les iría bien reconocer que las circunstancias y prioridades son importantes en lo que se refiere al mensaje que esperan transmitir. Ten paciencia y sé estratégico para que lo que quieras decir tenga más probabilidades de ser escuchado.

Los Desafiadores también deben aprender a escuchar. Anima a otras personas cuando compartan algo. Sé curioso. Haz preguntas sobre lo que te estén contando. Haz alusión a algo que alguien haya mencionado previamente o durante la misma entrevista. Sé receptivo en lugar de asumir lo peor o interrogar a tu interlocutor. No todo el mundo está ocultando algo. Ten como objetivo aclarar los asuntos básicos que te preocupen, no dejar tu opinión clara; llegar al fondo de la cuestión, no probar tu valía. Escuchar bien supone dejar de lado tus propias intenciones y tu ego. Escuchar activamente exige un lenguaje corporal activo, algún «hmmm» ocasional y asentir con la cabeza; mirar a tu interlocutor a los ojos, prestarle atención. No se trata de ponerte moralista o de juzgar, sino de interesarte y hacer preguntas por curiosidad, no para conducir la conversación a la conclusión a la que pretendes llegar cuando te toque hablar. Escuchar requiere que la conversación fluya desde lo que la otra persona diga, no que recites un informe o escupas lo que quieres decir.

**FUNDAMENTO DE ENTREVISTA PARA CANDIDATOS**

Escuchar activamente es clave para mostrarle al entrevistador que estás interesado. Míralo a los ojos cuando hable, asiente con la cabeza y haz algún ruidito ocasional para indicar que estás de acuerdo.

Ponte en el lugar de la otra persona o imagina el gran placer de que te escuchen a ti. Para abordar mejor una entrevista, los Desafiadores deben equilibrar su necesidad de ser escuchados con la capacidad de escuchar.

Los Desafiadores pueden reconocer que todo el mundo necesita que lo escuchen y recordar que la gente puede no estar de acuerdo con ellos y que no pasa nada. Si no te sientes escuchado, quizá no tenga nada que ver contigo. No necesitas que otros te den la razón o siquiera te escuchen para saber que eres valioso y merecedor de respeto. Puedes darte eso tú mismo.

## Cuando los Desafiadores abordan bien una entrevista

Los Desafiadores pueden ser profundos y directos. A menudo su enfoque es impertérrito. Son dueños de sí mismos y no les preocupa levantar ampollas. Llegan al fondo de las cuestiones y al meollo de los problemas. Se los suele describir como «radicalmente honestos y totalmente transparentes». Hacen preguntas, no porque quieran conocerte, sino porque tienen requisitos interiores que deben cumplirse, preguntas que deben ser contestadas. Un Desafiador que aborda bien una entrevista conoce sus requisitos y se comunica sin poner a la otra persona a la defensiva, aunque pueden no decirte cuáles son esos requisitos.

Los Desafiadores que abordan bien una entrevista casan la diplomacia de un Seductor y la necesidad de encajar de un Conciliador. Prestan atención a su audiencia, la tranquilizan y hacen afirmaciones. Escuchan primero y hacen las preguntas difíciles después. Equilibran su necesidad de ser escuchados con las necesidades de los demás. Quizá sientan que se contienen para enfrentar mejor la entrevista, pero esta contención no es artificial, sino respetuosa. La autenticidad no consiste en carecer de filtro o en decir lo primero que pase por la cabeza, sino en ser íntegro. Ser fiel a ti mismo no significa verbalizar cada opinión, sino solo las que de verdad te importan.

## Cuando los Desafiadores abordan mal una entrevista

A menudo, un Desafiador aborda mal las entrevistas porque depende demasiado de su capacidad para investigar e interrogar. Puede dar la impresión de ser demasiado crítico o sentencioso. Carece de la autoconsciencia para darse cuenta de que está aislándose de su audiencia al insistir en hacer mil preguntas. Aunque cree que sus constantes cuestionamientos lo ayudan a llegar a sus propias conclusiones y a formar opiniones, su interlocutor puede molestarse y sentirse asfixiado o, peor, acosado.

Recuerdo una vez que me reuní con un Desafiador. Fue muy agradable, apasionado y muy halagador, pero su forma de hacer preguntas constantes me dejó agotada; fue demasiado intenso y exigente.

Como son impávidos, tienden a sacar temas o querer conversar de cosas que pueden ser inapropiadas en ese punto de la entrevista, como preguntarle a un reclutador novato durante una evaluación telefónica: «He leído sobre los problemas recientes de la empresa. ¿Cuál es el plan quinquenal para corregirlos?». Una pregunta como esta podría dar una mejor impresión en la última ronda de entrevistas, pues el ejecutivo con el que hablarás estará en mejor posición para contestar y conversar del tema. De todos los estilos de entrevista, los Desafiadores son a quienes más les cuesta cambiar de estilo según a quién tengan enfrente. Hay un momento y un lugar para ciertas preguntas. Míralo así: es poco probable que el reclutador novato deje pasar a alguien a la siguiente ronda si se le hace esa pregunta, porque lo considerará combativo y conflictivo; es mejor guardártela para la persona apropiada.

 **FUNDAMENTO DE ENTREVISTA PARA CANDIDATOS**

Hazles las preguntas adecuadas a las personas adecuadas. A Recursos Humanos puedes preguntarle sobre la cultura de la empresa y los siguientes pasos en el proceso de entrevista. Guárdate las preguntas sobre el puesto y tu crecimiento profesional para el encargado de selección.

Los Desafiadores tienden a narrar su proceso de reflexión. Cuando abordan mal una entrevista, hablan demasiado, recitan monólogos y pierden a su audiencia. Les conviene pensar antes de la entrevista para llegar preparados con respuestas claras y concisas.

## Cómo entrevistar a un candidato Desafiador

Una entrevista es una experiencia extraña y artificial donde alguien tiene algo que quieres —un trabajo o un ascenso— y el encargado de selección está en una posición de poder. Esta dinámica no saca lo mejor de los Desafiadores. Un Desafiador preferiría ser el que hace las preguntas, así que entrevistarlo puede generar una dinámica de poder fuera de lugar.

El tira y afloja dialéctico puede sentirse casi como una discusión y, como los Desafiadores son muy escépticos, sentirás que dudan de gran parte de lo que dices.

Recuerda que los Desafiadores ven el escepticismo y la duda como un valor añadido. Te ofrecen su opiniones, críticas y juicios como formas de brindarte una nueva perspectiva porque, a la postre, lo que quieren es llegar al meollo de la cuestión o encontrar una solución. Para ellos, tener una conversación difícil es la única forma de saber si trabajarán bien juntos. No ven la confrontación como algo negativo, sino como un imperativo. Necesitan poner a prueba la relación y comprobar la legitimidad de lo que digan otras personas para ver si encajan en el puesto.

Cuando un Desafiador no se siente escuchado, se vuelve más conflictivo y presiona más para ganar el debate. Para saciarlo, dile que lo escuchas y que aprecias su perspectiva. Si te niegas a reconocer lo que dice, seguirá empujando y sentirá que no lo entiendes.

## Cómo entrevistarse con un encargado de selección Desafiador

Existe un sesgo hacia los encargados de selección Desafiadores porque son interrogadores natos, así que se cree que su estilo los hace grandes entrevistadores. Esto también puede hacer que entrevistarse con ellos sea difícil.

Una vez, trabajé con un Desafiador que me dijo que si un candidato no contestaba a las preguntas conductuales de una cierta manera, no lo dejaba pasar a la siguiente ronda. Como los Desafiadores priorizan la verdad, se ponen nerviosos con las anécdotas o con las repuestas que no están basadas solo en el trabajo. Quieren que las respuestas tengan un formato determinado, lo que es increíblemente injusto para los candidatos. ¿Cómo pueden pretender que sepan cuál es la respuesta «correcta»? Es imposible.

Los encargados de selección Desafiadores son intensos. Creen que una entrevista es el momento de llegar al fondo de las cualificaciones de una persona. A menudo, la entrevista puede sentirse como un interrogatorio. Fui a un superdía de entrevistas (un evento de entrevistas de un día entero) para una empresa a la que estaba ayudando a contratar a un grupo de pasantes. A menudo, estos eventos empiezan con un desayuno y con un poco de *networking* con los socios, y después se envía a cada candidato a reunirse uno por uno con los encargados de selección hasta la hora de comer. Cuando entré, vi a un encargado de selección charlando con un posible pasante: «¿Qué te gusta hacer en tu tiempo libre?». El pasante le dijo que le encantaba jugar al tenis e ir a la playa. En lugar de dejar que la conversación fuera un intercambio, el encargado de selección se negó a compartir qué hacía él en su tiempo libre y optó por limitarse a hacer otra pregunta: «¿A qué playa vas?». El candidato contestó y así continuó la conversación en un solo sentido. Cuando un Desafiador tiene lo que necesita es porque le están contestando a todas sus preguntas, pero su estilo no construye una conexión ni crea intimidad. El candidato siente que no es más que un interrogatorio.

Debes saber que la forma de cuestionar de los Desafiadores

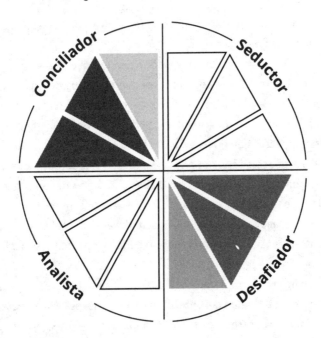

no es un reflejo de ti, sino que es su forma de realizar todas las entrevistas. No te dejes intimidar por todas esas preguntas: si has practicado lo suficiente y has desarrollado autoconsciencia, te será fácil contestar. ¡Son sobre ti!

## Cómo aborda un Desafiador una entrevista con su opuesto: el Conciliador

Los Conciliadores dependen de su capacidad para leer a la otra persona, para conectar con ella, y buscan formas de adaptarse como corresponde. A diferencia de los Desafiadores, que van al grano, son expresivos y no cambian de estilo según la situación; los Conciliadores dejarán que sea su interlocutor quien decida quién debe llevar la batuta en la conversación. Los Desafiadores se sienten cómodos con esta dinámica porque no les cuesta nada tomar la iniciativa. Los Conciliadores se interesarán por quién eres y harán que sientas que quieren conocerte, en lugar de venderte el trabajo o hablar de sus habilidades o de tu interés por el puesto. No confundas su interés en ti como persona con desinterés por trabajar contigo. Los Conciliadores tienen un enfoque más social y discreto, mientras que los Desafiadores son todo negocios. No darán la impresión centrada de la que se enorgullecen los Desafiadores, pero harán que la gente se sienta escuchada; y sentirse escuchado y respetado es una prioridad para un Desafiador, así que la conversación se sentirá natural para ambos.

## Cómo equilibrar tu enfoque para acceder al resto de los estilos

Los Desafiadores pueden alcanzar un éxito mayor si utilizan rasgos de otros estilos para equilibrar sus tendencias naturales:

- *Pueden suavizar su enfoque haciendo su estilo más flexible como lo haría un Seductor.*
- *Pueden beber de la naturaleza reservada de los Analistas y tratar de guardarse ciertas cosas para sí.*
- *Pueden aprender más de su audiencia si emplean las tendencias de los Conciliadores y hacen más preguntas sobre cómo encajarían en la cultura de la empresa en lugar de decirles a sus interlocutores cómo lo harían ellos.*

**Consejo para Desafiadores**

Vale la pena confiar.

**Mantras preentrevista para que los Desafiadores lidien con su necesidad de ser escuchados**

«Soy valioso y respetable».

«No necesito decirlo todo para que me escuchen».

## Conclusiones clave para candidatos Desafiadores

- No te da miedo sacar temas complicados, pero corres el riesgo de que te salga el tiro por la culata y te aísles de tu audiencia. No hagas preguntas difíciles antes de haber establecido un vínculo. Hay un momento y un lugar para estas preguntas; contrólate.

- Recuerda, no te corresponde llevar la batuta de la entrevista; aprende a dejarte guiar. Deja que el entrevistador te haga las preguntas y confía en que toda tu historia y quién eres quedarán claros con el tiempo. No tienes que decirlo todo durante los primeros cinco minutos.

## Conclusiones clave para encargados de selección
## Desafiadores

- Que tu trabajo como entrevistador consista en hacer preguntas (tu especialidad) no significa que puedas bombardear al candidato.

- Vigila tu intensidad y la cantidad de preguntas. Recuerda que esto no es un interrogatorio. Una entrevista bien hecha es una carretera de dos direcciones. Dale tiempo al candidato para que también te haga preguntas.

- Aprende a estar cómodo con la ambigüedad.

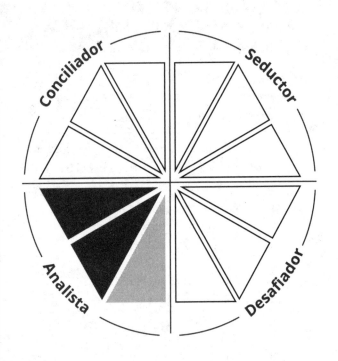

**ANALISTA.** Reservados en las entrevistas, se centran en su experiencia interna y no tienen demasiado interés en recibir aprobación. Desde fuera, pueden parecer reservados y dubitativos. Dan una impresión de seriedad. Sus respuestas a las preguntas de entrevista muestran su dominio de los procesos, los hechos y los detalles. Quizá se les haya dicho que hablan demasiado poco. No les interesa seducir al entrevistador. Priorizan los hechos y el buen saber hacer, no lo que da una buena impresión. En general, creen que conseguir el empleo debería ser una consecuencia directa de saber hacer bien el trabajo, no del desempeño en la entrevista. Preferirían que el trabajo dependiera de un examen en lugar de una entrevista.

# Analista

«Quiero hacer las cosas bien».

Tuve una primera conversación con un nuevo cliente potencial que vino a verme porque no dejaban de rechazarlo para los puestos en los que hacía entrevistas. Me dijo que ir a una entrevista era como actuar y que lo odiaba. «Me niego a hacer contactos o a venderme», me dijo, enfatizando en el «venderme» haciendo comillas con los dedos. Su repulsión me intrigó. Le pregunté que, si no estaba dispuesto a venderse, ¿quién pretendía que lo hiciera? Se alegró de que se lo preguntara: «No creo que fingir ser alegre y animado debería ser un requisito para encontrar trabajo. No debería tener que venderme así. Preferiría hablar de mis cualificaciones para demostrar que sirvo para el puesto en lugar de perder el tiempo en una conversación intrascendente». Le di la razón: «A menudo entrevistamos utilizando un sistema equivocado para determinar el talento, la mayoría del tiempo lo que hacemos son entrevistas sociales. Lo que tratas de decir es que los reclutadores no deberían basar la decisión de contratarte en tus habilidades para conversar, sino en las técnicas, ¿cierto?».

FUNDAMENTO DE ENTREVISTA PARA
ENCARGADOS DE SELECCIÓN

A menudo realizamos entrevistas sociales, que son básicamente conversaciones. Las entrevistas conductuales
pueden reducir la ambigüedad, son más efectivas y menos
sesgadas.

Cuando era directora de talento, muchas veces vi lo que pasa
con este enfoque. Los candidatos me parecían cerrados y caren-
tes de interés. No me lo pensaba dos veces, los dejaba de lado,
ponía su hoja de vida en el montón de «no llamar» y seguía con mi
día. Pero tras ser coach de miles de clientes, vi que los candidatos con este enfoque denotaban un estilo específico que, aunque
estaba en las antípodas de mi propio estilo como Seductora, tenía
sus méritos. Me di cuenta de que, igual que yo, querían dar una
buena impresión, solo que de otra manera.

Le dije que podíamos diseñar una estrategia que le permitiera
«venderse» de una forma que sintiera auténtica. Se mostró escéptico.

Le expliqué que los reclutadores, la gente de Recursos Humanos y los encargados de selección no solo quieren saber si eres
capaz de cumplir técnicamente con las funciones del puesto, sino
también si van a querer trabajar contigo cada día. Así que, aunque
cumplas con todos los requisitos técnicos y sepan que eres adecuado para el puesto, necesitan sentir que encajarás en la cultura
de la empresa. Esto significa que deben conocerte y ver tu actitud
para poder evaluar cómo cuadrarás en el equipo. Además de ser

capaz de articular por qué eres el mejor candidato, los encargados de selección buscan a alguien que les caiga bien. La simpatía es un factor importante que no deberíamos subestimar, pero los Analistas lo que quieren es ser vistos como cualificados, así que no la priorizan. En lugar de verse obligados a «actuar» como Seductores, deberían poder adaptar su enfoque para incluir la simpatía sin traicionarse a sí mismos.

Algo de lo que los Analistas no siempre se dan cuenta es que, para desempeñarse mejor en una entrevista, hay que utilizar una serie de habilidades distintas a las que hacen falta para el trabajo. Necesitas inteligencia emocional. En su revolucionario libro[1], *Inteligencia emocional*, Daniel Goleman escribe: «Por ejemplo, las personas que dan una excelente impresión social son expertas en monitorizar su propia expresión emocional, están en profunda sintonía con las formas en que reaccionan los demás y, por lo tanto, son capaces de ajustar, continuamente y con precisión, su comportamiento social para asegurarse de que tiene el efecto deseado. En ese sentido, son como actores profesionales». Adaptar su enfoque según las señales de su interlocutor es una de las fortalezas de los Seductores, pero a menudo es todo un desafío para los Analistas, que perciben este comportamiento como artificial.

Mi cliente no se equivocaba, probablemente había visto a algunos de sus compañeros menos cualificados conseguir empleos con base únicamente en sus «habilidades interpretativas». A algunas personas se les da tan bien dar una buena impresión o hacerse querer que se convierten en lo que Goleman llama[2] «camaleones emocionales, a quienes les da igual decir una cosa y hacer otra si eso les valdrá la aprobación social», como, por ejemplo, conseguir un trabajo. Esto ocurre muy a menudo, dejando a muchas personas, como a mi cliente, contrariadas y recelosas del proceso de selección. Lo que, a su vez, afecta su desempeño en las entrevistas.

Animé a mi cliente a utilizar su inteligencia emocional para mantenerse fiel a sí mismo sin aislarse de su audiencia. Le dije que una entrevista no consiste en decirle a alguien lo que quiere escuchar porque, a decir verdad, tampoco sabes lo que quiere escuchar. Se trata de mostrar la mejor versión de ti mismo de la forma más auténtica posible. Goleman continúa[3]: «Si estas habilidades interpersonales no se equilibran con un agudo sentido de tus propias emociones y necesidades, y de cómo satisfacerlas, pueden conducir a un éxito social hueco, a una popularidad obtenida a costa de tu propia satisfacción verdadera». Este es un punto clave del que he hablado en el capítulo 5: la autenticidad es esencial porque sin ella puedes descubrirte en un puesto que no es adecuado para ti.

Hay esperanza para mi obstinado cliente Analista, que prefiere arriesgarse a parecer un tonto o indiferente antes que ser un «camaleón social». Ya tiene la capacidad de ser[4] «fiel a sí mismo, lo que le permite actuar según sus sentimientos y valores más profundos sin importar las consecuencias sociales». Semejante integridad social lo llevará a conseguir el trabajo adecuado porque se negará a conformarse con algo que no se alinee con lo que quiere, pero para ello deberá suavizarse y utilizar su inteligencia emocional.

## Los Analistas ven las entrevistas como exámenes

En un seminario de formación empresarial, conté la anécdota de cómo una Seductora en una formación pasada había dicho: «Cuando regreso a casa tras una entrevista y mi marido me pregunta cómo me fue, le digo: "Bien, les gusté"». Entonces, un Analista levantó la mano y dijo: «Estaba pensando en cómo le describiría una entrevista a mi esposa. En mi caso, no me planteo si le he gustado a alguien, sino que pienso mucho en como respondí a las preguntas y me preocupo y estreso sobre cómo lo hice, y si lo hice bien».

He sido testigo de cómo se ve esto en entrevistas de prueba con clientes y estudiantes Analistas. Uno tras otro, llegan preparados y con las respuestas memorizadas. Es como escuchar a alguien leer un guion. Sus respuestas dicen lo justo y necesario, ni elaboran ni dan demasiados detalles. Se centran solamente en contestar a las preguntas. Ignoran el lenguaje corporal, la impresión que dan y cómo hacen sentir a su interlocutor. Para un Analista, una entrevista trata exclusivamente de sus cualificaciones, y su estilo lo demuestra; la ven como algo que aprobar o reprobar, algo que hacen bien o mal.

Un cliente Analista me dijo una vez que no quería aprender a abordar mejor las entrevistas porque no quería que su trabajo dependiera de esas habilidades, solo quería demostrar por qué estaba cualificado. «Todo lo demás» le parecía raro. A mí, como Seductora que prioriza «todo lo demás», me pareció interesante su perspectiva. Sugerí que quizá ninguno tenía la razón y que, probablemente, el mejor enfoque consistía en combinar nuestros estilos. Donde los Seductores necesitan añadir más detalles, métricas y contenido a sus repuestas, los Analistas deben abrirse, añadir algo de personalidad y conectar más.

## Steve

Steve, un Analista, vino a verme hace años. Era bombero y estaba a punto de presentarse a una entrevista para un ascenso importante. Los ascensos en el cuerpo de bomberos dependen de tres cosas: antigüedad, un examen y una entrevista. Ya había pasado el examen y ahora tenía que hacer lo mismo con la entrevista. Sin embargo, se sentía ansioso porque se había postulado al mismo ascenso hacía cuatro años y la entrevista había sido un fracaso. Me dijo que había mucho en juego y que ahora todo dependía de él, así que no quería volver a fallar.

Se había hecho bombero en cuanto terminó los estudios y su última entrevista había sido para entrar en la academia. Habían pasado más de veinte años y se lamentaba de que, a pesar de que su futuro dependiera de ello, nunca le hubiesen enseñado cómo abordar una entrevista. Esta era su última oportunidad de ascender antes de jubilarse. Su futuro estaba en juego: determinarían su pensión con base en su próximo puesto. Esto último lo motivaba mucho. Era un muy buen estudiante y también bastante duro consigo mismo; le costaba dejar ir las cosas. Más que nada, ansiaba un guion que le permitiera ser perfecto, pero tuve que recordarle que las cosas no funcionan así y que, con práctica, dejaría de sentir la necesidad de depender de un guion.

Los Analistas son introvertidos, así que no se abren con facilidad. Piensan para hablar, lo que significa que necesitan tiempo para formular sus ideas. Necesitan un momento después de cada pregunta para pensar antes de contestar. Para Steve, ir a una entrevista era una tarea abrumadora. Le dije que la forma de sentirse más seguro de sí mismo era estar mejor preparado. Trabajamos en sus respuestas a las preguntas de entrevista y él practicó grabándose para que pudiéramos encontrar formas de mejorar su desempeño. Se tomó la preparación muy en serio, y a mí me encantó ser su coach.

Los Analistas también son reservados, de forma que no les gusta abrirse a un extraño. Una entrevista para ellos es un entorno hostil, ya que prefieren guardarse sus sentimientos y emociones para sí.

Steve me dijo que pensaba que su última entrevista había sido un fracaso porque no se había abierto. Estaba convencido de que sencillamente no era bueno para esto. Me confesó que se había sentido tenso e incómodo explicando por qué encajaba en el puesto. Sobre todo, estaba decepcionado de sí mismo por haberse infravalorado.

En una de nuestras sesiones, me dijo: «Debo confesarte algo», en un tono que sonó como si fuera a contarme algo horrible. Me preparé para lo peor y, entonces, me hizo partícipe de su secreto: hacía mucho tiempo, había querido ser cómico e incluso había llegado a dar algún monólogo. Le pareció que eso podía sernos útil para su preparación.

Le di la razón. Los Analistas suelen no sentirse cómodos cuando son el centro de atención, así que me sentí gratamente sorprendida de que hubiese pasado tiempo sobre un escenario. Los Seductores y los Desafiadores son quienes, por lo general, más disfrutan del protagonismo. Le dije: «Parece que tenemos a un artista entre nosotros. Vamos a sacarle partido. Imagínate que esta entrevista es mitad función, mitad examen».

Sabía que le estaba costando hacer esa entrevista personal o mostrarse tal como era, así que lo animé todo el tiempo a dar un poco más la cara, a ser más él mismo. Saber quién eres y ser auténtico da la impresión de seguridad en una entrevista.

Tras una de nuestras sesiones, me mandó un mensaje para decirme que había encontrado algunas de sus viejas cintas de VHS de sus tiempos de comediante y que las había mirado para inspirarse. Después, puso una cámara en su sótano y se grabó contestando a las preguntas de entrevista: mitad examen, mitad función. Traía fragmentos a nuestras sesiones para mostrármelos y también nos grababa juntos para poder tomar notas. Encontró su propia manera de sentirse cómodo siendo él mismo y respondiendo de maravilla.

**FUNDAMENTO DE ENTREVISTA PARA CANDIDATOS**

Grábate cuando practiques las preguntas de entrevista. Verte desde otra perspectiva puede ayudarte a descubrir en qué puedes mejorar.

En cada sesión, Steve repetía: «Sencillamente no se me dan bien las entrevistas». Yo le contestaba: «Eso no es cierto. Has tenido solo una mala entrevista, eso no significa que no se te den bien». Es normal que nos quedemos atrapados en las entrevistas donde no dimos lo mejor de nosotros, pero Steve era demasiado crítico con su desempeño en el pasado. Esto puede haberse debido a que los Analistas están tan centrados en hacer las cosas bien que, cuando no lo consiguen, sienten que han fracasado.

**FUNDAMENTO DE ENTREVISTA PARA CANDIDATOS**

No se te dan mal las entrevistas, simplemente no estás bien preparado.

Las entrevistas pueden ser especialmente estresantes para los empleados de los servicios de emergencia como Steve —por ejemplo, bomberos y agentes de policía— porque suelen hacerse en paneles de tres a cinco personas. Otras industrias también hacen entrevistas panel, como la academia y el Gobierno. A diferencia del mundo corporativo, donde se llevan a cabo de dos a cuatro entrevistas y tienes varias oportunidades en distintos entornos (desde el filtro telefónico hasta entrevistas cara a cara), los servicios de emergencia a menudo tienen una sola oportunidad: la entrevista panel. Por si eso no fuera lo bastante estresante, también sabes quién es tu competencia porque el proceso es público. En el caso de Steve, se enfrentaba a otros tres más. Él era el más veterano (lo que se trataba de un factor importante), pero los demás tenían más experiencia en entrevistas y eran más jóvenes.

Es especialmente complicado no pensar en la competencia durante el proceso de entrevista. Algunos clientes caen en la trampa de obsesionarse con lo que los demás tienen que ofrecer, qué van a hacer y decir, y cómo se comparan. Se vuelven locos con una persona imaginaria. Es incluso más difícil cuando sabes a quién te enfrentas. Algunas empresas entrevistan a muchos candidatos internos y puedes oír rumores sobre quiénes son tus oponentes; quizá un compañero o, peor, un subordinado. Cuando esto ocurre, he visto a clientes perder el rumbo y preparar respuestas a las preguntas de entrevista para contradecir a su competencia imaginaria, para oponerse a la otra persona. Creen que es una buena estrategia, pero no es cierto. Hay que suponer bastante para imaginarte lo que podría decir tu competencia, y a menudo tus suposiciones estarán equivocadas. Animo a mis clientes a invertir su energía en preparar respuestas auténticas y controlar lo único que de verdad está bajo su control: ellos mismos.

En el caso de Steve, nuestro último obstáculo para subirle la moral fue conseguir animarlo a ignorar a su competencia y confiar en sí mismo. El día antes de la gran entrevista, le dije: «Si estás corriendo un maratón, no vas a perder tu preciado tiempo en mirar a quién tienes detrás, ¿cierto? Bajas la cabeza y te concentras en tu entrenamiento, en la línea de meta frente a ti, no en lo que tienes detrás. Pasa lo mismo en una entrevista: no malgastes energía en pensar en el resto de los candidatos a los que te enfrentas».

FUNDAMENTO DE ENTREVISTA PARA CANDIDATOS

No sirve de nada malgastar energía pensando en tu competencia. No tienes forma de probar que tus suposiciones sean acertadas, y podrías utilizar el preciado tiempo que estás perdiendo pensando en otros para incrementar tu autoconsciencia. Lo mejor que puedes hacer no es conocer a la competencia, sino conocerte a ti mismo y aprender a transmitir quién eres con claridad.

Entonces, llegó el gran día. De los tres candidatos, le tocó ser el último entrevistado. Empezaría a las dos de la tarde. Cuando terminó, me mandó un mensaje: «Está hecho. Me he sentido bien, lo he hecho lo mejor que he podido, me ha salido mejor que nunca y esta vez, si no me dan el ascenso, al menos podré sentirme orgulloso».

Yo también estaba orgullosa de él. En nuestro tiempo juntos, Steve había aprendido a abrirse. Había aprendido a preparar grandes anécdotas que enriquecía con su personalidad y a razonar por qué estaba cualificado. Había aprendido a centrarse en sí mismo y no en la competencia. Pero, ante todo, había aprendido que una mala entrevista no significaba que se le dieran mal las entrevistas.

Volvió a escribirme unos días después: ¡Le habían concedido el ascenso!

## Enfoque y estilo

Los Analistas priorizan saber de lo que hablan y se centran en los detalles, en los tecnicismos y en la tarea que tienen delante. Son resueltos y a menudo dejan huella. Sus respuestas en las entrevistas demuestran su dominio del proceso, los hechos y los detalles. Quieren ser vistos como cualificados. Se centran en mostrar sus habilidades analíticas y lógicas para ser considerados competentes, pero dejan de lado el resto de sus cualidades. Quieren dar respuestas verificables, consistentes y precisas en lugar de contar anécdotas para entretener.

Su necesidad de hacer las cosas bien los lleva a ser precisos, pero también puede conducirlos a dejar de lado el factor humano de su propia historia, a renegar de su humanidad. Pueden dar la impresión de ser obsesivos e inflexibles, y su rigidez puede ir en su contra. De la misma forma en que su polo opuesto, el Seductor, prioriza ser complaciente y puede parecer hipócrita, el Analista puede parecer unidimensional y robótico al hablar exclusivamente del trabajo y sus habilidades. Los entrevistadores suelen decir que no sienten que hayan conocido al candidato.

Un elemento crítico en el que debe trabajar un Analista es aceptar que el entrevistador quiere conocerlo, saber quién y cómo es, porque no solo está evaluando su capacidad para desempeñarse en el puesto, sino si quiere trabajar con él. ¿Será apropiado para el equipo? Los Analistas suelen dejar de lado o incluso ignorar esta parte de la entrevista, considerándola irrelevante o una parte inútil del proceso.

Los Analistas son introvertidos y reservados. Como tales, necesitan tiempo para pensar antes de hablar. Hablan más despacio que los extrovertidos y sus respuestas son más reflexivas, así que suenan menos nerviosos que sus opuestos acelerados. Por eso, necesitan más tiempo. Las entrevistas cortas de selección son especialmente complicadas para ellos, pues tardan en abrirse y la presión de una llamada de diez minutos puede hacer que se bloqueen. Si quieres que un Analista se abra, tómatelo con calma, agenda un tiempo largo con ellos y no hagas preguntas inquisitivas desde el principio. Tardan en relajarse. Se abrirán, pero no durante los primeros cinco minutos.

### FUNDAMENTO DE ENTREVISTA PARA CANDIDATOS

Tomarse el tiempo para contestar da una buena impresión. Parecerás reflexivo, así que no tienes por qué apurarte o hablar deprisa.

Piensa en cada introvertido que conozcas: ¿A cuántos les gusta la conversación casual? ¿A cuántos de ellos les gusta compartir detalles sobre sí mismos con perfectos desconocidos, en especial cuando hay un trabajo en juego?

Tuve un cliente que era muy, muy callado. Entrevistarlo era físicamente doloroso. Me sentía mal haciéndole tantas preguntas porque sabía que no quería contestar. Sus respuestas se alargaban, a lo sumo, entre treinta y cuarenta y cinco segundos. Eran directas, específicas y factuales: «¿Por qué decidiste estudiar Ciencia Actuarial?», «Siempre se me han dado bien las matemáticas». En general, cuando un reclutador o un encargado de selección hace esta clase de preguntas es para que el candidato se abra, para poner en marcha la conversación. Sus respuestas no me daban pie a mucho, pero insistí: «¿Está el programa de Ciencia Actuarial a la altura de tus expectativas? ¿Te gusta vivir en Filadelfia?», «Sí». Cuando me di cuenta de que su respuesta iba a permanecer monosilábica, le hice un gesto para que siguiera. Entonces, se sonrojó y añadió: «Me gusta vivir aquí».

Los Analistas suelen querer saltarse la conversación casual. Quieren llegar a las verdaderas preguntas de entrevista, pero, como le dije a este cliente y a todos los Analistas con los que trabajo, la conversación casual no es solo una parte de la entrevista, sino que, algunas veces —en entrevistas no estructuradas o aquellas sin preguntas predeterminadas—, pueden ser la entrevista entera. Es posible que tu entrevistador, sobre todo si es un Seductor, no te haga ninguna pregunta de entrevista tradicional, así que tienes que estar dispuesto a hablar de ti mismo y a venderte en la conversación.

A los Analistas les cuesta hablar de cualquier cosa que no tenga una relación directa con el trabajo, la empresa o sus cualificaciones. Consideran que el candidato mejor cualificado debería quedarse con el puesto, no al que se le dan mejor las entrevistas. Pero lo más habitual es que sean estos segundos quienes lo consigan. Se deja de lado a los Analistas en pro de los candidatos que se abren.

A menudo, los Analistas están muy centrados en contestar a las preguntas desde una perspectiva técnica. Dado que entienden la entrevista como un examen, sus respuestas suelen ser verificables y factuales en lugar de narrativas, pero es más probable que alguien recuerde tu historia que tu hoja de vida, lo cual puede jugar en contra de los Analistas porque no son narradores. Muchas entrevistas se basan en técnicas conductuales, así que los entrevistadores se apoyan en preguntas como: «Háblame de una ocasión en que tuviste que lidiar con un cliente complicado». La respuesta a esta pregunta no puede ser un puñado de frases simples, sino que exige que cuentes una historia; la respuesta ideal sería una diseñada con el método STAR (remítete al Capítulo 6 para leer más sobre el tema). La práctica de respuestas STAR puede ayudar a los Analistas a superar su problema con la vulnerabilidad y enseñarles que las anécdotas también tienen su lugar en una entrevista.

Los Analistas también se preparan para las entrevistas decidiendo sus respuestas de antemano, pues estas son el camino a «hacer las cosas bien». En cuanto empieza la entrevista, no se desvían de su guion. Si el entrevistador les hace preguntas de seguimiento o les pide que elaboren, quizá se desorienten. Si un Analista tiene la impresión de que la entrevista no está yendo bien o que no le está gustando al entrevistador, su desempeño puede verse afectado, pero no cambiará sus respuestas. En cambio, un Seductor o un Conciliador corregirán el rumbo y cambiarán su postura y actitud para agradar al entrevistador, pero un Desafiador o un Analista no lo harían. Su enfoque es resuelto; no se andan con tonterías, no se doblegan y bajo ningún concepto cuentan milongas.

Los Analistas asumen que el entrevistador confundiría entusiasmo con insinceridad, así que suelen confiar en mostrarse imparciales, serios e interesados solo en lo técnico. Pero sus interlocutores pueden considerar su actitud «estrictamente profesional» como demasiado rígida o inflexible. Dicho esto, es difícil no apreciar a un Analista en una entrevista. Se vuelcan en dar una buena impresión, y su valor en una organización es evidente. Son detallistas, específicos, impávidos e inquisitivos.

Entrevisté a un candidato para un puesto de ventas y resultó ser un Analista. Existe el estereotipo de que los agentes de ventas deberían ser Seductores (muy extrovertidos y complacientes), así que fue como un soplo de aire fresco. Me dijo que su filosofía de ventas consistía en dar un paso a un lado y dejar que el cliente tomara todo el protagonismo. Continuó explicando que su táctica de ventas más eficaz era saber escuchar. Me pareció que estaba muy cualificado y lo hice pasar a la siguiente ronda para que conociera al vicepresidente ejecutivo de ventas (un Seductor). Cuando me reuní con él tras su encuentro, me comentó que había decidido desestimarlo porque era demasiado pasivo y sumiso. Me pareció un grave error, así que no quise darle la razón y le dije que no todos los agentes de ventas tienen por qué ser agresivos. No logré convencerlo de que le diera una oportunidad, pero nuestra competencia sí lo hizo y tuvo con ellos una carrera muy exitosa. Fue toda una lección y una gran pérdida para nosotros.

Esa lección se quedó grabada en mí, al igual que el resto de las lecciones que he aprendido de mis clientes y estudiantes introvertidos.

En su libro, *The Irresistible Introvert*, Michaela Chung[5] describe la introversión no como una carga, sino como una habilidad especial: «Entre un tercio y la mitad de los estadounidenses son introvertidos en una cultura que celebra —e incluso impone— un ideal de extroversión y un culto al carisma». Chung afirma que los introvertidos son igual de poderosos a su manera.

Era consciente de que aquel vicepresidente ejecutivo no era una minoría silenciosa y que la mayoría de las personas no saben ver el «encanto irresistible» de los introvertidos, como lo llama Chung. Para convertirme en una mejor coach y profesora, quería entender mejor qué resuena con un introvertido para poder ayudarlo a venderse de una forma abierta y auténticamente fiel a su naturaleza reservada. Chung explica que, como la sociedad suele estar sesgada en favor de los extrovertidos[6], «muchos introvertidos perdemos el tiempo tratando de imitar cada estilo del carisma extrovertido y tratando de encajar en personajes cuya forma y tamaño no se ajustan a nosotros». Tras haber trabajado con tantos introvertidos, veo el valor de su enfoque y no creo que necesiten cambiar quiénes son para alcanzar el éxito.

Que los introvertidos sean callados no significa que no tengan nada que decir. Que su estilo sea diferente no significa que sea el equivocado. En todos mis años como coach, he llegado a la conclusión de que la mejor forma de animarlos a abrirse es ponerme en su lugar. Las personas extrovertidas, como yo, solemos decir cosas como «Ábrete», «Habla más» o «¿Por qué eres tan calla-

do?». Como dice Chung[7]: «A los introvertidos se nos ha castiga-
do por nuestros labios sellados. A los extrovertidos les encanta
señalar cuán callados somos. Probablemente te hayan preguntado más de una vez: "¿Por qué eres tan callado?". Y apuesto a
que eso nunca ha hecho que te entren ganas de lanzarte a un
soliloquio para explicar por qué hablas poco». Un consejo más
útil sería ser concreto sobre lo que el introvertido debería decir. Repito: el método STAR es increíblemente útil como modelo
para preparar historias que te reflejen de manera adecuada sin
parecer excesivas.

Trabajé con el presidente de una organización, que era introvertido al extremo y era el mejor agente de ventas de la compañía.
Para ser sincera, cuando me enteré, no me lo podía creer, era tan
callado, tan humilde... Entonces lo vi: se le da muy bien escuchar,
sabe hacer que sus clientes potenciales se abran y los atrae con
una encantadora y silenciosa reflexividad. Como dice el subtítulo
del libro de Chung: «Accede al poder del carisma silencioso en un
mundo de ruido». Y él, de eso, tenía un montón.

En su mejor versión, los Analistas equilibran su necesidad de
hacer las cosas bien con la calidez y la curiosidad. Saben que la
conversación casual puede darles señales e información importantes sobre la otra persona que, a la postre, les ayudará a tener
éxito en la entrevista. Como introvertidos, también puede servir-
les de calentamiento para crear intimidad durante la entrevista.
Les da formas de conectar y el espacio que necesitan para reunir
el valor de revelar quiénes son. Un estudio sobre reciprocidad[8]
demuestra que, cuando le hacemos una confidencia a alguien, la
otra persona suele hacer lo mismo con nosotros. La conversación
casual es la parte menos profunda de la piscina de la intimidad
conversacional. Existen una cierta belleza, complejidad y sutile-

za en los temas de conversación mundanos y corrientes de una charla de cortesía —como el tiempo, el tráfico o la cultura popular—, pero no los podrás ver si te cierras. Si tienes una mentalidad abierta, quizá la gente te sorprenda. Ser buen conversador no es un talento que deba infravalorarse. Tener la mente abierta y saber escuchar significa que percibes la actitud de tu nuevo jefe cuando habla de su trayecto al trabajo. Cuando tu posible nuevo colega te habla de los problemas que ha superado la empresa y la persona de recepción chismorrea sobre la competencia, quizá descubras oportunidades de crecimiento.

A menudo, la gente le teme a la conversación casual porque cree que no sabrá navegarla y que se convertirá en la víctima de los intereses intrascendentes de otra persona. Pero los Analistas saben escuchar y podrán localizar temas de conversación interesantes. A diferencia de los Seductores, no se sienten obligados a compartir anécdotas similares a las que acaban de escuchar («Deja que responda a tu anécdota de cuando se te pinchó una rueda de camino al trabajo contándote la vez que me ocurrió lo mismo a mí»), sino que hacen preguntas profundas y saben que, independientemente de lo que su interlocutor esté diciendo, siempre aprenderán algo, pues siempre están buscando ese algo que aprender. Los Analistas son muy sinceros. Y la sinceridad es el alma de una buena conversación.

## Variaciones del Analista

Como en todos los estilos, existen variaciones entre los Analistas. Como verás en el hexágono de los estilos de entrevista, los Analistas lindan con los Desafiadores y los Conciliadores y, a menudo, comparten rasgos con ellos.

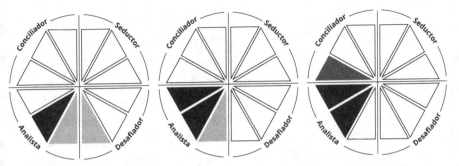

De izquierda a derecha: Analista con tendencias de Desafiador, Analista y Analista
con tendencias de Conciliador

## RASGOS QUE LOS ANALISTAS COMPARTEN
## CON LOS DESAFIADORES

- *Se centran en su experiencia interna.*
- *Se enfocan en las tareas.*
- *Se apoyan en sus habilidades técnicas.*
- *Son resueltos e inflexibles.*
- *Creen que los hechos y la verdad importan.*
- *Les incomoda la ambigüedad.*
- *Les incomoda venderse.*
- *No les gusta cuando la entrevista es superficial. Prefieren hacer o contestar preguntas conductuales o técnicas.*
- *Pueden prescindir de la palabrería, no necesitan conversación casual.*
- *Saben que sus habilidades son relevantes para el puesto.*
- *Dan una buena impresión siendo serios y estando cualificados.*
- *Valoran el saber hacer.*

- *Son cautos.*
- *Son precisos.*
- *Su confianza nace de su intelecto.*

## RASGOS QUE LOS ANALISTAS COMPARTEN CON LOS CONCILIADORES

- *Son reservados.*
- *No se ofrecerán para algo que no está en su hoja de vida.*
- *Son introvertidos; el acceso a ellos está limitado a su personaje público y su vida laboral.*
- *Tardan en abrirse.*
- *Piensan para hablar.*
- *Son callados.*
- *Sus respuestas son cortas y concisas.*
- *No toman la iniciativa en las conversaciones.*
- *Resuelven sus problemas por medio de la reflexión.*

Debido a este solapamiento, existen dos variaciones del estilo Analista: el Analista/Desafiador y el Analista/Conciliador. Observemos qué diferencia a estas tres clases de Analista.

## Analista/Desafiador

Los Analistas/Desafiadores son introvertidos con tendencias extrovertidas. Son la clase más abierta de Analista. Su inclinación natural es ser reservados, pero «despiertan» en el contexto de una entrevista.

Prefieren ser reservados, pero están dispuestos a dar más la cara que el resto de los estilos de Analista. Hablan y comparten más que los Analistas y que los Analistas/Conciliadores. Se ganan el respeto siendo precisos y profesionales. Buscan atención compartiendo sus conocimientos. Suelen equilibrarse con el entrevistador. Por ejemplo, si los entrevista un extrovertido, quizá se comporten de forma más introvertida, y viceversa. Los Analistas con tendencias de Desafiador permiten que la personalidad más dominante tome la iniciativa. Son específicos, así que contestan a las preguntas de entrevista de forma muy concreta y detallada. Escogen sus batallas y son cautos en las entrevistas.

## Analista

Un Analista (sin ninguna variación) es introvertido y firme. Una entrevista no es el entorno natural para un introvertido porque no suele estar dispuesto a abrirse a alguien pocos minutos después de conocerlo. Los Analistas son reservados y se guardan sus emociones y entusiasmo para sí, no dejan entrever nada. De todos los estilos, son los más directos, prefieren las entrevistas estructuradas cara a cara. Como piensan para hablar, necesitan tiempo para reflexionar y organizar sus pensamientos y respuestas antes de contestar a una pregunta difícil. Como son más callados que el resto de los estilos, a menudo hacen mejores preguntas y son, en general, más considerados y se les da mejor escuchar.

Los Analistas se centran en su experiencia interna y siempre están pensando en sus respuestas. Su estilo no cambia según lo que diga el entrevistador. Ni una respuesta positiva ni una negativa provocará un cambio en su estilo; son congruentes. Dan una buena impresión «haciendo las cosas bien».

## Analista/Conciliador

Los Analistas/Conciliadores son firmes con tendencias complacientes. Son los más dispuestos a adaptarse de entre todos los Analistas. Se contienen hasta que algo llama su atención y solo se involucrarán en la conversación si el tema les interesa. Es más probable que observen si otros están hablando. No dirigen la conversación hacia sí o cambian de tema. Su estilo de conversación está centrado en el otro, no hablan sobre sí mismos ni comparten nada personal. Son reservados, callados y modestos. Los Analistas con tendencias de Conciliador nunca toman la iniciativa.

### Conclusiones clave

### Cómo saber si estás hablando con un Analista

- Son callados y escuchan.

- Son reservados.

- Les gusta dar respuestas factuales y verificables.

- Dan una impresión reservada y confiable.

- No temen dar una opinión impopular si tienen razón.

- No les da miedo ser percibidos como serios, directos y estrictamente profesionales.

- Hacen que los veas como cualificados siendo precisos.

(Para practicar la identificación de los distintos estilos, remítete a la actividad «Descifrar los estilos de entrevista» en el Apéndice).

## Fortalezas y fortalezas sobrexplotadas

Los Analistas tienen muchas fortalezas, pero cuando no están equilibrados, sus intenciones pueden ser malinterpretadas. La siguiente tabla muestra sus fortalezas y cómo estas pueden percibirse cuando se sobrexplotan.

| Fortalezas | Fortalezas sobrexplotadas |
|---|---|
| Serios | Inseguros o poco interesados |
| Profesionales y directos | Sus respuestas pueden ser unidimensionales; exclusivamente dedicados al trabajo |
| Precisos y factuales | Sus respuestas son cortas y solo dan los hechos |
| Imparciales, no les interesa gustar | Distantes o fríos |
| Cualificados | Demasiado exigentes, buscan los errores, se centran solo en lo negativo y no pueden aceptar las cosas como son |
| Conocedores | Demasiado críticos. El lado oscuro de esto es que quizá nunca lleguen a ver lo bueno o positivo. Todo es criticable |
| Analíticos/lógicos | Minimizan sus cualidades más divertidas y no muestran su lado personal |

# 10

# Entrevistarse con un Analista

En 2011, en mi primer curso como profesora, conocí a Rasheed, un estudiante de primer año. Era buen chico, siempre alegre y entusiasta. También era desorganizado. A menudo iba vestido con una camiseta tremendamente arrugada, pantalones cortos desconjuntados y un calzado que nunca iba acorde a la estación. Tuvimos una reunión cara a cara para editar y reescribir su hoja de vida, que pescó del fondo de su mochila. Aquel currículum era la versión en papel de su camiseta arrugada; le costó hasta encontrar un bolígrafo. Su experiencia de trabajo era insuficiente, sus ideas muy dispersas y no sabía qué poner en su hoja de vida. Tras conversar durante veinte minutos, descubrí que había sido camarero en la secundaria en el lujoso restaurante indio de unos amigos de su familia. Me explicó que aquel lugar le había enseñado a ser profesional y a hacer varias cosas al mismo tiempo. Gracias a mi pasado como mesera, entendí a qué se refería. Se había resistido a añadir su trabajo en el restaurante a su currículum porque pensaba que era irrelevante, que no era transferible y que solo era «servir mesas». Me dijo que como se iba a graduar en Gestión de Riesgos, simplemente le había parecido que trabajar en un restaurante no tenía nada que ver con el mundo de los seguros. Yo le expliqué que todos los trabajos tienen valor y le hablé de mi propia experiencia en el mundo de los restaurantes. Le ayudé a reescribir su currículum para que representara mejor sus habilidades. Para cuando terminamos la reunión, tenía una apreciación renovada de su experiencia laboral y una buena hoja de vida. Pero cuando salió por la puerta, pensé: «Este chico no llegará a ninguna parte».

 **FUNDAMENTO DE ENTREVISTA PARA CANDIDATOS**

Todos los trabajos tienen valor y te sentirás más seguro cuando seas capaz de observar tu experiencia sin criticarla. Actualizar tu hoja de vida es un buen ejercicio para incrementar tu aprecio por tus antiguos puestos. Si logras pensar objetivamente en tu experiencia, pensarás también en todo lo que has hecho y empezarás a conectarte con tus objetivos.

Cuando empecé a enseñar, acababa de salir del mundo corporativo y era arrogante. Me había pasado una década entrevistando y reclutando gente, así que pensaba que tenía «instinto». Cuando conocí a Rasheed, me valí de mi sexto sentido de reclutadora, del que había dependido todos esos años para juzgarlo; concluí que era buen chico, pero que no conseguiría ninguna pasantía. Sin embargo, una de las mejores cosas de enseñar en la universidad durante más de una década es que, año tras año, tengo la oportunidad de conocer a muchísimos estudiantes durante un periodo de sus vidas en que cambian muchísimo. Cuando maduran y descubren quiénes son.

Al año siguiente, cuando Rasheed estaba en segundo, volví a

ser su profesora y me di cuenta de que se lo veía más maduro, más relajado, más seguro de sí mismo. Recuerdo reparar en eso, pero mi opinión sobre él no había cambiado. Su tercer año como estudiante fue también el mío como profesora y coach. Ya había visto tantos clientes y conocido a tantos alumnos que había empezado a perder mi arrogante instinto. Me estaba dando cuenta de que existía otra forma de entender a las personas. Como estudiante de tercer año, Rasheed había madurado; las camisetas arrugadas y la hoja de vida mal redactada eran cosa del pasado. Yo también había madurado. Ya no me basaba en mis primeras impresiones para juzgar a la gente. Me había vuelto más abierta y podía ver a la persona en su conjunto.

Rasheed se había tomado su verano en serio y, además de hacer de mesero, había conseguido una pasantía en la empresa de un amigo de su familia y ahora estaba decidido en conseguir una «pasantía de verdad». En la primavera, obtuvo una de las pasantías más competitivas y codiciadas de nuestro programa.

Cuando regresó en octubre del año siguiente para la última revisión de su hoja de vida, ya tenía tres ofertas de trabajo sobre la mesa; no cabía de la felicidad y yo me alegré por él. Cuando se fue, recuerdo haberme tomado un momento en mi despacho para reflexionar sobre lo equivocada que había estado. Cuando recordé mi primera impresión de Rasheed, me pareció que había sido como juzgar un árbol en invierno. ¿Es justo desestimar un árbol cuando sus ramas están desnudas y su alma está dormida? Mis estudiantes me han enseñado que, si tienes paciencia, llega la primavera. Juzgar a alguien demasiado pronto, en la estación equivocada, lo priva de oportunidades. Y, como coach, te pone en un lugar de juez y crítico en lugar de defensor y ayudante.

Rasheed fue uno de los primeros clientes que me ayudó a ver que las primeras impresiones que tenemos de las personas no son precisas. De hecho, suelen estar muy lejos de ello. Aunque todos somos víctimas del ansia de juzgar con base en nuestra primera impresión, los Analistas son el estilo que más peca de ello. Esto se debe a que utilizan la «mente experta», lo que significa que, como yo en el pasado, se creen que lo saben todo, lo que puede complicarles juzgar con precisión a otras personas. En su libro, *Mindwise: Why We Misunderstand What Others Think, Believe, Feel, and Want*, Nicholas Epley ilustra[1] lo mal que se nos da leer la mente. Sostiene que, cuanto más seguro te sientas de poder leer la mente de tu interlocutor, menos probable es que hagas predicciones precisas sobre lo que otros piensan. Existe una correlación entre la seguridad y la imprecisión. Cuando juzgué a Rasheed, lo hice con la seguridad de que mi experiencia me daba la razón, pero esa seguridad me impidió ver su potencial.

Cuando un Analista trabaja desde su mente experta, aparenta maestría técnica, pero —como me pasó a mí con Rasheed— tiende a ver la entrevista como algo que aprobar o reprobar, lo que no le deja espacio para practicar, explorar y disfrutar del proceso. Cuando deja poco margen para el error o la improvisación, el Analista es presa de su mente experta, pues cree que solo existe una forma de hacer algo bien y que cualquier error, infracción o desliz le costará caro. Creer que algo es de una cierta manera antes de darle la oportunidad de mostrar su verdadero ser, es como juzgar un árbol en invierno.

## Por qué los Analistas necesitan hacer las cosas bien

Los Analistas son muy exigentes consigo mismos, asumen que se los está juzgando con dureza y temen verse como idiotas delante de personas cuyas opiniones son importantes para ellos, gente a la que respetan o que tiene el poder de darles trabajo. Creen que el resultado de una entrevista de trabajo es binario: te contratan o no; es un examen que aprobarán o reprobarán. Para poner esto en perspectiva, los Seductores ven las entrevistas como algo más fluido, como una oportunidad de empezar una relación. La visión binaria sobre las entrevistas obliga a los Analistas a ser perfectos, lo que puede ser un obstáculo para ellos e incomodarlos.

Los Analistas también quieren hacer las cosas bien porque quieren conservar sus recursos. Como dijo un Analista: «¿Para qué hacer algo si no lo haces bien?». Si un Analista va a hacer el esfuerzo de pasar por «todo ese circo», entonces más le vale hacerlo bien —que lo contraten— porque si no, no habrá valido la pena.

En *How to Be Yourself: How to Quiet Your Inner Critic and Rise Above Social Anxiety*, la doctora Ellen Hendriksen denomina[2] a esta necesidad de perfección «nuestro crítico interior». Explica que «el crítico quiere que hagas las cosas mejor, que seas perfecto, así que te presiona para rendir mientras, al mismo tiempo, socava tu fe en tus capacidades. Tu impecable habilidad social tiene que surgir de la nada y sin ningún esfuerzo». Los Analistas sufren la presión de su crítico interior que les exige perfección, algo imposible sin pasar primero por el proceso de ensayo y error. Como es evidente, al final, nuestro crítico interior y esta necesidad de perfección nos limitan. Los Analistas deben acallar a su crítico interior para permitirse intentar algo.

## Cómo los Analistas pueden lidiar con su necesidad de hacer las cosas bien

En el mundo de las entrevistas, pasarás por toda clase de situaciones con todo tipo de personas cuyo nivel de experiencia variará muchísimo. A pesar de llevar más de veinte años entrevistando, nunca he visto la misma situación dos veces, así que pretender que existe una forma correcta y una incorrecta de hacer las cosas es dirigirte al fracaso, la decepción y a unas expectativas equivocadas. He aprendido que a la mayoría de gente nunca le han enseñado a entrevistarse, que casi todo el mundo improvisa y que nadie sigue una guía porque no existe. El miedo de los Analistas a equivocarse me recuerda a una amiga que se niega a bailar porque está convencida de que hará el ridículo. Las entrevistas son como el baile: un proceso basado en la experiencia; no es un examen y no puedes aprobarlo.

Las entrevistas son exploratorias y te enseñan muchísimo sobre ti mismo: si las abordas mal, aprenderás a hacerlo de otra forma; si lo haces bien, aprenderás lo que funciona. Quizá repitas exactamente algo que hiciste muy bien en el pasado solo para descubrir que ese enfoque no funciona con gente distinta. Que lo hagas bien en una entrevista y te ofrezcan el puesto no significa que lo vayas a querer; quizá la entrevista te sirva para ver que no te gustan sus funciones, la empresa o el encargado de selección. Quizá sigas todo el proceso solo para darte cuenta de que no quieres dejar el trabajo en el que estás ahora mismo. Hay muchísimas posibilidades más allá de que te contraten o no. Estar abierto a ellas hará que disfrutes más del proceso de la entrevista e incrementará de verdad tus oportunidades. De una entrevista, puedes sacar más que un trabajo.

 FUNDAMENTO DE ENTREVISTA PARA CANDIDATOS

Una entrevista no es solo para conseguir un empleo, también puede ser un ejercicio para aprender lo que quieres en tu carrera. De la misma forma en que reparas en cosas que te gustan durante la entrevista, fíjate en lo que no, ya sean algunos aspectos del puesto, cualidades del encargado de selección o detalles relacionados con la cultura de la empresa. Esto te ayudará a tomar una decisión informada y a encontrar el trabajo más adecuado para ti.

Como me dijo un Analista: «Soy muy testarudo y creo que mi forma de hacer las cosas es la mejor, pero ahora que han pasado unos años desde que terminé los estudios, veo que mi punto de vista no es lógico. Si no estoy dispuesto a cambiar, me equivocaré más veces de las que acertaré. Entender esto me hizo abrirme a otras posibilidades que antes ni consideraba. Supongo que podría decirse que me volví más abierto basándome en principios y lógica. Como no podía soportar la idea de estar equivocado, me convertí en lo que soy ahora».

Como con el baile, tenemos que correr el riesgo de hacer el ridículo en las entrevistas. Mejorar es parte del proceso. La única forma de hacerlo y de tener alguna oportunidad de encontrar empleo es dando la cara, cosa que no puedes hacer sentado a un lado de la pista de baile. Puedes disfrutar de las cosas sin que sean perfectas. Además, es imposible volverte bueno en las entrevistas si no das la cara. La escritora y coach de vida, Martha Beck, lo dijo mejor[3] que yo: «Superar tus miedos sin hacer nada que te asuste es como aprender a nadar sin haberte acercado nunca al agua: sería bueno que se pudiera, pero no se puede».

A los Analistas les incomoda ser vulnerables, por eso se arman con los hechos. Aléjate de la idea de perfección, de tu perspectiva en blanco y negro, y adopta unas formas más primarias y naturales que abracen nuestra humanidad y vulnerabilidad compartidas. Trata de no tomártelo demasiado en serio, recuerda que nadie es tan duro contigo como tú mismo. Puedes utilizar esta oportunidad para flagelarte y exigirte o para descubrir si tu enfoque funciona; cambiar tu estilo, intentar algo nuevo o prepararte de otra forma. El proceso puede ser emocionante.

La obsesión de los Analistas con la perfección los aísla. La forma correcta de hacer las cosas es una sola. Un enfoque más inclusivo está más conectado con el todo. Los Analistas tienen un estilo opuesto que deberían estudiar para aprender a disfrutar del proceso. En lo que se refiere a suavizar sus ideas de perfección, deberían fijarse en los Seductores. Como ya he dicho, los Seductores no ven las entrevistas como algo que apruebas o repruebas, sino como oportunidades de conocer a alguien, como el primer paso de una nueva relación. Cuando miras las entrevistas de esta forma, te quitas la presión de encima.

Los Analistas se sentirán mejor cuando reconozcan que no existe un único camino, que hay mucha gente con enfoques distintos al suyo que no solo sobrevive, sino que es contratada.

La perfección no existe. La única forma de estar orgulloso de ti mismo es seguir adelante a pesar de las dudas, los errores y los contratiempos. La seguridad nace de la acción. No de la perfección, no de la exactitud, sino de la acción. Hay una liberación en ello; no tienes que ser perfecto para tomar impulso, aprender una lección o avanzar, solo tienes que entrar en acción: un paso a la vez. La idea de perfección es una ilusión, así que no dejes que te limite. Actúa a pesar de todo el miedo que sientas.

Solo puedes hacer lo mejor que puedas. Si haces lo mejor que puedes, te preparas y te esfuerzas, podrás sentirte orgulloso de ti mismo. Eso es mucho más valioso que perseguir el escurridizo e inalcanzable objetivo de la perfección.

## Cuando los Analistas abordan bien una entrevista

Cuando un Analista aborda bien una entrevista, equilibra su necesidad de hacer las cosas bien con una profesionalidad ensayada. Se les da muy bien escuchar porque no siempre necesitan ser el centro de atención. Demuestran que están cualificados siendo exactos, a través de respuestas que, en lugar de ser escuetas, son precisas y factuales. Los Seductores destacan por sus historias, los Desafiadores por su investigación y los Analistas, cuando hacen las cosas bien, por su experiencia. Son específicos, claros y directos, lo que genera un sentimiento de estabilidad.

Cuando un Analista se desempeña bien en una entrevista es porque ha encontrado el equilibrio entre su necesidad de ser visto como experto y la capacidad de revelar sus inseguridades. Los Analistas entienden que, para ser buenos en una entrevista, no solo tienen que parecer técnicamente capaces, sino que deben empezar por conocer a sus interlocutores, y no hay mejor manera de hacerlo que mostrando su humanidad. Entienden que la perfección no existe, y los mejores de ellos saben bajar la guardia y dejar entrar a otras personas, aunque solo sea por un momento, para conectar.

## Cuando los Analistas abordan mal una entrevista

Un Analista aborda mal una entrevista porque no se abre. Evita la conversación casual. Da respuestas cortas a preguntas que considera poco productivas o insinceras. Se centra solo en lo que le parece importante y contesta con pocas palabras que dan una impresión de desinterés. Un reclutador o un encargado de selección que hace las preguntas puede sentir que conseguir que le dirijan la palabra es como picar piedra.

El miedo a equivocarse de los Analistas les impide abrirse. No se sienten cómodos hablando de sí mismos y no asisten a las entrevistas con la intención de agradar, pues confían demasiado en cómo trabajan y piensan demasiado poco en por qué lo hacen. En resumen, no salen de su zona de confort. Van con tanto cuidado y dejan tan poco espacio a los detalles o a la interpretación que se los percibe como unidimensionales. Al esconder sus cartas, sus respuestas carecen de toda personalidad. Dejan de lado las habilidades. blandas. Se confinan. Hacen que todo gire alrededor de lo técnico a pesar de que los seres humanos conectamos a través de las historias, que dan vida a lo que decimos. Puedes simplemente informar lo que quieres decir, pero es mejor hacerlo a modo de historia. Piensa en tus maestros favoritos: ¿Se limitaban a pararse en mitad del salón para dictar la lección o trataban de hacerla interesante? La mejor forma de que alguien te recuerde a ti y tus cualificaciones es contándole una historia, en tu caso, la tuya propia.

Cuando los Analistas abordan mal una entrevista, hacen que parezca una transacción y evitan las sonrisas o la cortesía. Sí, quien te entrevista está trabajando y le pagarán por ello, pero como Analista tienes que aceptar que todos tenemos necesidades más allá de lo económico. La gente tiene una fuerte necesidad de sentirse útil, vista y apreciada, incluso mientras hace su trabajo. Los Analistas son impacientes con los pequeños gestos. Piensan: «¿De cuánto puede servir un cumplido? ¿Por qué debería hacer que alguien se sienta bien cuando el propósito de la entrevista es mostrar que soy bueno en lo que hago, no ser agradable?».

En esencia, los Analistas quieren que la entrevista solo trate de trabajo, y cualquier cosa que se desvíe se siente como una gran imposición, como una concesión importante. Cuando se desempeñan mal en la entrevista, es porque se niegan a hacer esa concesión.

Los Analistas tienen objetivos ambiciosos y podrían beneficiarse de pequeños actos de calidez. Deben recordar que se puede influir en cómo alguien nos percibe a través de un discreto acto de vulnerabilidad que muestre su lado humano. No todo tiene por qué ser a lo grande.

## Cómo entrevistar a un candidato Analista

Los Analistas creen que conseguir que el encargado de selección los considere capaces es el factor más importante para ser contratado, así que priorizan hablar del puesto, de sus habilidades transferibles y de cómo mejorarían los procesos.

Los Analistas informan en lugar de conectar. No necesitan la conversación casual y, de hecho, prefieren que sus entrevistas sean exclusivamente técnicas y basadas en su conocimiento especializado. Para una Analista, una entrevista conversacional es una pérdida de tiempo y mucho menos importante que una técnica. El aspecto más importante de la entrevista es descubrir en qué consiste el trabajo y saber si está cualificado para hacerlo. Cuando se enfrenta a la conversación casual, participa a regañadientes y te dirá muy poco. Una vez, un cliente me contó que una reclutadora de Recursos Humanos le preguntó qué le parecía dónde vivía y que empezó a sentirse aburrido e irritado porque ninguna de sus preguntas tenía nada que ver con si podía hacer el trabajo o no. Repuse que quizá era una Seductora y estaba tratando de conectar. Mi cliente me dio la razón, pero continuó: «Le contesté, pero me molestó porque, ¿qué tiene eso que ver con el trabajo?».

Es importante recordar que no es que les caigas mal o que no les interese el trabajo, sino que no creen que conversar sea relevante. Para conseguir que un Analista se abra, empieza por las preguntas de entrevista y termina con la conversación casual.

Asegúrate también de que tus preguntas informales tengan algo que ver con el trabajo, ya que los Analistas no están dispuestos a compartir nada que no esté en su hoja de vida.

Si le dices a un candidato Analista: «Háblame de alguna vez que hicieras x», siempre escogerá hablar de sus procesos, métodos y herramientas. Los Analistas no hablan del equipo al que pertenecían; no porque no fuera importante, sino porque creen que se da por sentado. En cambio, sus respuestas reflejaran sus cualificaciones porque su principal prioridad es descubrir si valen para el puesto. Quieren confirmar que la descripción del trabajo se corresponde con lo que el encargado de selección dice que necesita.

Los Analistas quieren saber del puesto en sí mismo, de las funciones y responsabilidades, de cómo utilizan sus habilidades, de cómo encajarán o de cómo pueden mejorar los procesos. Harán preguntas sobre la vacante y tus necesidades para saber cómo demostrarte que están cualificados. A diferencia de los Seductores, que te dirán por qué quieren el puesto, un Analista te dirá cómo trabajará en él. Pídeles que expliquen por qué quieren el trabajo, no solo cómo pretenden hacerlo. Si quieres saber algo en concreto, sé muy directo. Haz mejores preguntas relacionadas con las competencias que el puesto requiere. Profundiza en los matices de los cargos previos del candidato para entender bien cómo se desempeñará.

## Cómo entrevistarse con un encargado de selección Analista

Los Analistas tienden a entrevistar como si estuvieran examinando a su interlocutor y pueden dar la impresión de ser fríos e intimidantes. Un encargado de selección Analista puede utilizar un tono altanero, mantener una distancia internalizada y una prudencia aprendida. Puede que su enfoque estructurado le exija a la gente a la que entrevista que no se desvíe del guion. Puede no gustarle alguien que confiesa vulnerabilidad o que trata de acercarse a ellos con interés y se atreve a preguntarle algo profundamente personal.

Un encargado de selección Analista se centra en la experiencia del candidato, en qué proyectos ha participado y en sus responsabilidades del día a día; al final, lo que le interesa son las habilidades transferibles. Con esa información, determinarán si tienes lo que hace falta para hacer el trabajo. No es necesariamente decisivo para un Analista si no tienes la experiencia exacta que está buscando, pero requerirá información clara sobre cómo tu experiencia te hace encajar.

Los Analistas escuchan con atención tus respuestas y no les gusta que te las saques de la manga: quieren que vayas preparado. Pase lo que pase, le preguntarán lo mismo a cada candidato. No se pondrán a conversar y no cambiarán sus preguntas en mitad del proceso.

No puedes convencer a un Analista con entusiasmo y pasión, tienes que poder sustentar tus emociones en algo. Demuestra cierta competencia hablando de tus cualificaciones, utiliza métricas y apoya tu deseo por el puesto en alguna clase de prueba tangible de por qué encajarías. Si te basas en lo que dicen y cuentas una historia, los dejarás insatisfechos.

Ante todo, los Analistas ansían la certeza, así que haz que tus respuestas sean claras, precisas y al grano.

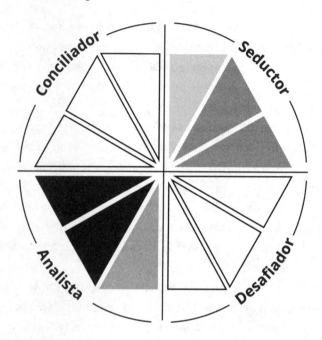

## Cómo aborda un Analista una entrevista con su opuesto: el Seductor

Los Seductores priorizan establecer una conexión y son muy expresivos tanto en su comunicación verbal como en la no verbal. Ajustan su conducta y su estilo según a quién tengan delante, a diferencia de los Analistas, que son firmes en su enfoque. Los Seductores a menudo desbordan entusiasmo, lo que puede echar para atrás a un Analista por parecerle insincero. Los Seductores quieren que los Analistas se abran; te exigirán que hables no solo de tu experiencia laboral, sino también de tus opiniones y pensamientos. Los Analistas cuestionan las cosas por naturaleza y, cuando entrevistan, pueden tener la tendencia a verlo todo con cierto escepticismo, lo que constituye el polo opuesto del enfoque optimista y abierto del Seductor. Los Analistas necesitan obligarse a salir de su zona de confort. También pueden depender demasiado de tomar distancia y observar, pero, para un Seductor, eso significa que no están implicados. Los Seductores exigirán a los Analistas que no solo compartan los detalles, sino también la energía que normalmente reservan para las personas de su círculo más íntimo.

**Consejo para Analistas**

Merece la pena conectar.

**Mantras preentrevista para que los Analistas lidien con su necesidad de hacer las cosas bien**

«Quizá no sea perfecto, pero lo haré lo mejor que pueda».

«Incluso si no me contratan, habré aprendido algo».

«Voy a mostrarme completamente».

## Cómo equilibrar tu enfoque para acceder al resto de los estilos

Los Analistas pueden alcanzar un mayor éxito si utilizan rasgos de otros estilos para equilibrar sus tendencias naturales:

- *Pueden aprender a ser complacientes y disfrutar del proceso de conocer a alguien como hace un Seductor.*
- *Pueden aprender a abrirse como un Desafiador.*
- *Pueden acceder a la adaptabilidad y lo moldeable de los Conciliadores para transmitir su mensaje.*

### Conclusiones clave para candidatos Analistas

- Depender de tus cualificaciones puede conseguirte el empleo, pero no estás ahí solo para recitar tu hoja de vida. Tienes que darle vida a tu currículum. Quién eres y por qué haces lo que haces es muy importante. Compartir esto en una entrevista no es algo malo. No tengas miedo de contar historias y hablar de algo que no están en tu hoja de vida.

- No te limites con el pensamiento de que te contratarán o no. Míralo de esta forma: quizá no te contraten, pero habrás practicado una entrevista y aprendido más sobre lo que quieres, las clases de empresas que existen y cómo contratan. Después de todo, cuanto más lo hagas, más mejorarás. No habrás perdido si no obtienes el trabajo. Pase lo que pase, la experiencia es valiosa.

## Conclusiones clave para encargados de selección Analistas

- La entrevista no se trata de un examen, sino que es el principio de la relación con una persona.

- Te verás atraído por candidatos que se centren en resultados y en sus cualificaciones, pero quizá pases por alto su personalidad. Recuerda, esta persona tiene que encajar en la cultura de tu empresa, servir a tus clientes y trabajar con tus compañeros. No son solo una herramienta para hacer el trabajo, sino toda una persona a la que tienes que lograr conocer durante la entrevista para determinar si tendrá éxito en el puesto.

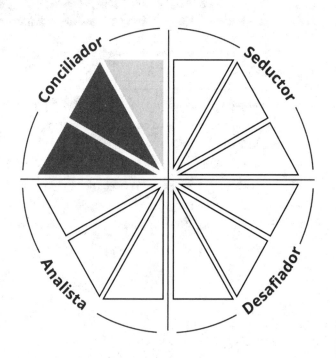

**CONCILIADOR.** Su objetivo es que los demás se sientan cómodos. Se centran en su experiencia externa y buscan la aprobación de otros. A menudo son callados, humildes y tardan en abrirse, pero, en cuanto lo hacen, son buenos comunicadores. Son considerados y les gusta contribuir a lo que diga el entrevistador. Rara vez tratarán de romper con lo establecido. Para ellos, es importante dar la impresión de ser de trato fácil y poco exigentes. Les parece que pedir algo es una gran imposición. Quieren gustar y llevarse bien con cualquier persona que conozcan.

# 11

# Conciliador

«Quiero adaptarme».

Una fría y nublada tarde de noviembre de 2016, me encontraba dando un taller de habilidades para la entrevista en un aula de la Escuela de Negocios de Temple Fox cuando sentí un cosquilleo en mi brazo derecho. Pensé que quizá se me había dormido por la forma en que estaba sentada. Unos minutos más tarde, en la mitad de una frase frente a una sala llena de estudiantes de último año que escuchaban con ansias cada una de mis palabras sobre cómo negociar, se me entumeció una pierna de golpe. Hice una pausa y me pregunté: «¿Por qué he perdido la sensibilidad en todo el lado derecho del cuerpo?». Me negué a cortar la clase y esperé a terminarla antes subirme al carro e irme directo a Urgencias.

Vestida de traje, me acosté en la camilla convencida de que estaba teniendo una embolia. Mientras mi mente divagaba por las posibilidades más horribles y catastróficas, me obligué a no buscar mis síntomas en internet y esperé a que llegaran los médicos. Los enfermeros me hicieron toda clase de pruebas. Todo parecía normal, pero yo no me sentía normal. Mi lado derecho seguía entumecido: mi cara, mi brazo y mi pierna. Para entonces, llevaba así horas. Recordé el momento en que encontré a mi abuelo tras su embolia y me vi inundada por recuerdos terribles. Mientras trataba de no echarme a llorar, el jefe de Urgencias se me acercó. Era un hombre callado y discreto que sabía cómo tratar a los pacientes. Se sentó junto a mi camilla y empezó a conversar relajadamente conmigo. Me preguntó qué había estado haciendo cuando empezó el entumecimiento y le dije que estaba dando una clase. Me preguntó qué enseñaba y, por un momento, me dio vergüenza contestar: «A entrevistar». Miré hacia mis pies y vi que mis zapatos de tacón borgoña asomaban por los bajos de la manta del hospital y me costó contestar porque me pareció que mi trabajo era insignificante comparado con el del doctor. Al final, dije: «Enseño a encargados de selección y a estudiantes a tener mejores resultados en entrevistas de trabajo». Nunca olvidaré la reacción del médico: se enderezó y exclamó: «¡Oh, guau! Tengo que aprender eso. Se me dan muy mal las entrevistas. ¡Me aterran!». ¿Qué? ¿Cómo podía ser? Que esto viniera de un hombre que había estudiado Medicina y que dirigía una sala de Urgencias —que imagino como uno de los lugares de trabajo más duros que existen— me descolocó. Pensé: «¿Cómo puedes ocuparte del triaje de tratamientos médicos de emergencia y ver a diario lo peor de la humanidad, y que te den miedo las entrevistas?». Él continuó: «Nunca sé qué pretenden que diga, así que me pongo nervioso».

Era un Conciliador: callado, discreto y bueno con los pacientes. Bromeamos con que lo que lo hacía bueno en su trabajo, le servía de poco en las entrevistas. Me confesó que odiaba venderse y que prefería conversar sobre su interlocutor que sobre lo que sabía hacer. Me dijo que solo había hecho unas cuantas entrevistas en la vida y que las evitaba a toda costa, pero eso lo había limitado mucho en su carrera y hacía que le diera todavía aún más miedo intentarlo.

Cuando salí de Urgencias sin un diagnóstico, lastrada con mi propio miedo de estar presentando los primeros síntomas de esclerosis múltiple o de Párkinson, recordé mi conversación con el doctor y me pregunté cómo podían darle tanto miedo las entrevistas cuando se enfrenta a cosas mucho peores a diario. Todos le tememos a lo que no sabemos hacer. Lo desconocido asusta. Yo me siento cómoda en una entrevista porque he estado en muchas (más de diez mil), de la misma forma que él se siente cómodo estando junto a un paciente enfermo porque lo ha hecho decenas de miles de veces.

Cuando mi resonancia magnética dio negativo para los peores diagnósticos posibles y determinaron que sufro de migrañas hemipléjicas —migrañas corporales que provocan debilidad transitoria en un lado del cuerpo— sentí que había vuelto a nacer y, con esto, me invadió un aprecio renovado por lo que hago.

## Los Conciliadores ven las entrevistas como una prueba

El doctor que me trató era un Conciliador, lo que le otorgaba una actitud de cuidado bondadosa y tranquilizadora. Sin embargo, la misma habilidad que lo hace tan bueno en su trabajo puede interponerse en su camino para conseguir un empleo. Lo mismo le ocurre a otros Conciliadores porque, más que cualquier otro estilo, priorizan a su audiencia, lo que presenta desafíos únicos en las entrevistas. Los Conciliadores quieren integrarse, adaptarse, llevarse bien con los demás. Para ello, se contienen, asumen lo que quiere el entrevistador y ajustan su actitud para que cuadre con sus suposiciones. Como los Seductores, buscan la aprobación del entrevistador y quieren agradar, pero, a diferencia de ellos, son introvertidos; no dan un espectáculo como los Seductores. Se venden siendo fáciles e interesándose por lo que pueden aportar al equipo. Son el polo opuesto de los Desafiadores. Al contrario de estos, que hacen preguntas difíciles y a quienes les da igual hacer de abogado del diablo, los Conciliadores no agitan el avispero: su objetivo es hacer que los demás se sientan cómodos. Se preocupan menos por sí mismos que por el bienestar y las necesidades de los demás.

Amanda, una encargada de selección, me confesó mientras nos preparábamos para una entrevista: «Me cuesta hablar con desconocidos o, peor, escribirle un correo a alguien con quien nunca he hablado, porque no sé si debería ser amigable o ir directo al grano. No sé lo que quieren, pero quiero ser lo que quieren». Le insinué que quizá le estaba dando demasiadas vueltas y le pregunté si no podía ser sencillamente ella misma. Se rio y me dijo: «Siempre le doy demasiadas vueltas a lo que otras personas quieren y necesitan. El miedo y la inseguridad me paralizan. Es algo que me limita».

El comportamiento de Amanda es típico de los Conciliadores: dejan de lado sus necesidades para dar una mejor impresión. Quieren que todo el mundo se lleve bien y el precio de ser tan complacientes puede ser muy alto. Corren el riesgo de concentrarse tanto en su audiencia que se pierden a sí mismos. Los Conciliadores priorizan demasiado a sus interlocutores y, cuando no tienen ninguno, se quedan paralizados, su desempeño se resiente y a veces incluso abandonan lo que estén haciendo. Muchos Conciliadores me han dicho que se sienten perdidos sin una audiencia, que no saben cómo comportarse o cómo estructurar una interacción si no tienen en quién apoyarse, así que pierden la voz. Esto se debe a que basan su identidad en quienes están a su alrededor.

A los Conciliadores les conviene explorar su incomodidad para descubrir sus verdaderos deseos en contraposición a los deseos ajenos. En el caso de Amanda, empecé preguntándole:

—¿Cómo te comportarías si no tuvieras audiencia? —La pregunta la asustó—. ¿Cómo serías si te limitaras a ser tú misma?

No estaba segura, así que le sugerí:

—Vamos a diseñar una estrategia que sientas auténtica para que, cuando tengas que escribirle un correo a alguien, no te quedes tan bloqueada. Por ejemplo, ¿cómo te sientes cuando recibes un correo muy amigable?

—Bien —me dijo.

—Muy bien. Entonces, ¿te gustaría dar la misma impresión y hacer que otra persona se sienta bien? —Asintió—. Pues, cuando envíes un correo presentándote, sé amigable.

—No es tan sencillo. ¿Y si la otra persona no es así? ¿Y si no le gusta recibir correos amigables?

—Adoro lo empática y considerada que eres, pero ¿quizá estás poniendo a las otras personas por delante de ti? ¿Es posible que estés basando demasiado quién eres en lo que crees que necesitan los demás?

Me dio la razón y se sinceró diciéndome que le costaba confiar en que si era ella misma podría atraer al candidato adecuado. Se había moldeado para encajar en lo que asumía que otros querían, y su forma de contratar no era una excepción.

Las entrevistas son un contexto en el que debes venderte. Y es imposible hacerlo si no le dices a tu interlocutor quién eres TÚ; eres la parte más importante de tu historia. De todos los estilos de entrevista, los Conciliadores son a quienes más les cuesta esto. En primer lugar, porque prefieren darle a la gente lo que quiere que exponerse o ser percibidos como exigentes. En segundo lugar, porque les cuesta reconocer sus propios éxitos. Los Conciliadores se sienten más cómodos hablando de ti, de tu equipo y de tus objetivos que de los suyos propios.

**FUNDAMENTO DE ENTREVISTA PARA CANDIDATOS**

No puedes venderte si no le dices a tu interlocutor quién eres TÚ; eres la parte más importante de tu historia.

Los Conciliadores se sienten incómodos siendo firmes, exponiéndose y contándole a otra persona quiénes son, qué quieren y por qué. Pero saber quién eres y qué quieres es crucial para tener éxito y alcanzar tus objetivos. Esto aplica especialmente en las entrevistas. Un reclutador te hará preguntas difíciles, querrá saber qué has hecho y por qué, querrá conocer al verdadero tú para ver si encajarás en el equipo. Los Conciliadores pueden aprender de su opuesto, los Desafiadores, a quienes no les cuesta nada decirle a alguien quiénes son y priorizar sentirse escuchados y respetados.

## Anita

Hace quince años que conozco a Anita. Trabajamos juntas en nuestro primer empleo en Recursos Humanos. Es mi colega, mi clienta y mi amiga. Es cálida y tolerante. Practica yoga y encarna el espíritu de Buda. Es tranquila e inamovible en su compromiso de ayudar a otras personas. Estudió Trabajo Social y, tras un periodo agotador trabajando con delincuentes juveniles en el sistema de justicia criminal, se decidió por los Recursos Humanos. Ahí fue donde la conocí, quince años atrás, muy embarazada de su primer hijo. Trabajábamos codo con codo en una oficina minúscula. Después, yo dejé mi puesto para irme de reclutadora a la ciudad y ella aguantó un poco más antes de cambiar el suyo por otro trabajo, en lo mismo, en una oficina más grande.

A medida que su bebé crecía hasta convertirse en un niño pequeño, lo mismo hizo su carrera en Recursos Humanos, donde pasó de ser generalista a socia. Encontró empleo en la industria farmacéutica. Se le daban muy bien sus funciones, que eran mitad trabajo social, mitad Recursos Humanos. Defendía a los empleados y les ofrecía consejo y un muy necesario hombro en el que llorar. Pero la industria farmacéutica es dura y hay muchos despidos, así que «dejar ir a empleados» se convirtió en su trabajo a tiempo completo. Se le daba muy bien, pero la estaba matando. Necesitaba salir de ahí y encontrar una industria más estable, no solo por su hijo, sino por su salud mental. Necesitaba una cultura que reflejara sus valores y un trabajo donde pudiera dar apoyo a las personas, no despedirlas constantemente. Terminó encontrando una compañía que parecía perfecta: una organización muy estable que nunca echaba a nadie.

Anita es una Conciliadora. Se contuvo en la primera entrevista para el nuevo empleo porque quería ver cómo se presentaba la compañía, cómo entrevistaba y cuál era su cultura. Se sentía cómoda dejándoles tomar la iniciativa. No se preparó para el encuentro, sino que fue con la mentalidad de «tomarles la medida». Como muchos Conciliadores, creía que no podía prepararse para una entrevista porque la mejor respuesta vendría a ella cuando pudiera tantear el ambiente y leer el lenguaje corporal del entrevistador. Me confesó que su forma de hacer las cosas casi siempre funcionaba, excepto cuando su interlocutor ponía una expresión indiferente. Y continuó: «Entonces no sé qué hacer, porque me baso en lo que dicen y en cómo actúan». Los Conciliadores priorizan adaptarse y encajar, ven las entrevistas como las pruebas para un equipo.

La entrevista fue bien y le hicieron una oferta. Me llamó para revisarla y para ayudarla a decidir si aceptaba el cargo. Su principal requisito por aquel entonces era no tener que despedir a nadie y también quería sentirse más segura de ella misma en el puesto. La compañía cumplía ambas exigencias. Le pregunté si aquello era todo lo que necesitaba y me dijo que sí.

Había investigado muy poco antes de la entrevista e iba sin ninguna idea preconcebida. Su único objetivo había sido tomarle la medida a la empresa. Solo le habían hecho una entrevista y ahora veía que se habían centrado mucho más en hacerle preguntas que en contarle algo de la compañía. Admitió que una corazonada quizá no debía bastar para tomar una decisión tan importante, pero estaba harta de su trabajo, así que aceptó la oferta.

Seis años más tarde, cuando su hijo recién empezó la secundaria, volvió a descubrirse infeliz. Las cualidades que hacían de ella un valor añadido para el equipo también la hacían sentirse aislada, marginada y sola. Su lugar de trabajo no compartía sus características Conciliadoras: no eran fáciles ni les importaba el equipo. La inmensa mayoría de miembros de la organización eran sus opuestos; mientras que Anita era flexible y complaciente, ellos se enorgullecían de plantarse y hacer preguntas difíciles. No cabía duda de que la necesitaban, pero no se lo ponían fácil.

Como Conciliadora, le cuesta pedir lo que necesita. No dio la cara en la entrevista ni les hizo saber lo que necesitaba para prosperar en la empresa. Aprendió una lección muy valiosa: es importante poner las cosas fáciles, pero es igual de importante saber quién eres y qué quieres para luchar por ello.

## Enfoque y estilo

Los Conciliadores creen[1] que las opiniones de otras personas tienen más valor que las suyas. Priorizan a los demás porque quieren encajar. Quieren gustar por su facilidad de trato. Los primeros cinco minutos de una entrevista son muy importantes para ellos, pues los utilizan para evaluar la situación y a las personas con las que se están entrevistando y así decidir cómo enfocar la interacción. No van con un objetivo o con la idea de llevar la iniciativa. Quieren ver cómo va, cómo se desarrolla y qué ocurre. Su enfoque podría describirse como «observación pasiva».

Utilizan las señales del entrevistador: reflejan e imitan sus actitudes e intereses para dar una buena impresión. Creen que la imitación es la forma más sincera de admiración, que la mejor forma de mostrar que encajarán en el equipo es actuar como sus integrantes. Se adaptan con facilidad, a diferencia de los Desafiadores y los Analistas, que no cambian sus actitudes con base en lo que diga el entrevistador.

A los Conciliadores a menudo les cuesta apropiarse de su historia, en parte porque su manera de abordar una entrevista consiste en entender el nuevo trabajo como una *tabula rasa*, como un nuevo comienzo. Les parece irrelevante hablar de sus trabajos anteriores. No quieren que se los conozca por lo que hayan hecho en el pasado, sino hablar de lo potencial, de lo que pueden hacer en el futuro. Un Conciliador prefiere que se le hagan preguntas muy específicas sobre el trabajo al que está aplicando a que se le haga hablar de cualquier generalidad de su pasado. Por ejemplo, una forma habitual de empezar una entrevista es preguntarle al candidato: «¿Puedes hablarme de tu experiencia laboral?». Un Conciliador se encoge ante esto; en cambio, preferiría que se le planteara: «Si decidiéramos contratarte, ¿podrías explicarnos qué harías para aprender tus nuevas funciones en los primeros treinta, sesenta y noventa días?». Los Conciliadores tienen muy en cuenta la relevancia: «¿Esto es importante para el puesto al que estoy aplicando? ¿Qué tiene esto que ver con la vacante?».

A pesar de preferir preguntas de entrevista específicas, los Conciliadores no son precisamente conocidos por ser transparentes o expresar sus deseos; de hecho, estos pueden ser bastante complicados de averiguar. Son discretos camaleones. Su necesidad de encajar y su deseo de hablar sobre el futuro dificulta que se les etiquete, y eso les gusta.

Los Conciliadores no quieren invertir el tiempo de la entrevista en hablar de sí mismos, quieren escuchar, observar y sumar a lo que hayan dicho otros. Son tan altruistas como egoístas son los Seductores. Mientras que los primeros quieren formar parte de algo porque les encanta la idea de estar en un equipo, los segundos quieren formar parte de algo para demostrar lo que pueden hacer.

Esta necesidad de formar parte de un equipo y de encajar en su cultura no debe entenderse como la carencia de un sólido sentido de identidad. Su deseo de hablar del futuro en lugar del pasado no implica que no sean conscientes de lo que han hecho; sino que, sencillamente, no creen que sea relevante para lo que pretenden hacer de ahora en adelante. Su prioridad es otra: integrarse en algo más grande que ellos mismos. Esta necesidad, esta ansia, a menudo los lleva a dar una excelente impresión. Quieren encajar en la cultura, desean contribuir al grupo y aspiran a hacer del mundo un lugar en el que vivir sea más fácil. Desde siempre, se han reforzado de manera positiva estas cualidades en los trabajadores. Buscamos contratar a gente que se apropie de nuestra misión y quiera trabajar por el bien común.

Los Conciliadores como Anita creen que darán la mejor impresión siendo complacientes con el entrevistador. No muestran su interés recitando sus cualificaciones como un Analista, haciendo preguntas difíciles como un Desafiador o siendo entusiastas como un Seductor, sino que se venden siendo dispuestos, flexibles y considerados. Demuestran su valor escuchando. Te hacen sentir cuidado. Son muy sensibles a las necesidades ajenas y evitan a toda costa que alguien se sienta incómodo o avergonzado, incluso si esto les cuesta el empleo. Prefieren correr el riesgo de parecer equivocados antes que corregir algo y quizá humillar a alguien.

Les cuesta hacer preguntas difíciles y poner a prueba a alguien, así que no les va bien como encargados de selección porque no quieren poner a nadie en evidencia.

Una vez, di una formación en cómo entrevistar a un grupo de ejecutivos en un retiro, y cuando un Conciliador leyó su Perfil de Entrevistología, me dijo:

—Sueno como un perrito faldero. —Cuando le pedí que se explicara, continuó—: Es cierto que tengo en cuenta a otras personas y que mi prioridad es el equipo, pero no creo que eso sea lo que deba importarme como ejecutivo. ¿No debería ser más exigente, duro y engreído?

Le contesté:

—Aportas cualidades fantásticas a tu trabajo. Es tu sesgo lo que limita cómo las percibes. Quizá te han vendido una idea concreta de cómo «debería» comportarse un ejecutivo, pero tú eres un ejecutivo y no te comportas así.

Estuvo de acuerdo conmigo en que quizá no se estaba valorando lo suficiente. Suele pasar con los Conciliadores.

Son ecuánimes, lo que creo que es una gran cualidad para un líder. Mantienen la calma bajo presión, son considerados y magnánimos. No pierden el norte como suele hacer un Seductor. Son comedidos; pero, a veces, esto puede hacerlos parecer indiferentes y mal preparados.

La forma en que priorizan al equipo sobre sí mismos puede impedirles asumir el protagonismo. En una ocasión, tuve un cliente que me dijo que quería prepararse para una entrevista, pero que no quería que girara en torno a él. Me reí y luego me di cuenta de que iba en serio. Fuera cual fuera la situación, creía que daría una mejor impresión si la conversación trataba de la otra persona. Algo inviable en una entrevista. Seas un candidato o un encargado de selección, es imprescindible que sepas quién eres y qué quieres. Y tu audiencia tiene que llegar a conocerte. Los Conciliadores desestiman sus fortalezas y sobrestiman las de los demás. De la misma forma en que un Analista debe presentar la totalidad de sí mismo en una entrevista para demostrar su personalidad además de sus cualificaciones, un Conciliador debe adoptar un vocabulario más centrado en el «yo» que en el «nosotros».

Los Seductores se toman muy en serio dar una buena impresión. Son maestros de ceremonias y quieren que la representación sea impecable; desde la ropa que llevan hasta su lenguaje corporal, todo está meticulosamente calculado. Por su parte, los Conciliadores ni se plantean dar una buena impresión por esos medios. A algunos con los que he trabajado les han llegado a decir que no se toman lo bastante en serio su indumentaria para la entrevista, y no es porque les dé igual cómo los ven los demás, sino porque no quieren que nadie se fije en ellos. Quieren dar la impresión de que su prioridad es conocer mejor a su interlocutor, el trabajo y la compañía. Su intención es mezclarse y adaptarse, y eso puede incluir su ropa. No es falta de interés en su presentación, sino no querer ser el centro de atención, no querer destacar.

A algunos Conciliadores esto puede salirles bien si trabajan en una industria que no prioriza cómo alguien decide vestirse para una entrevista. Pero imagínate a un Conciliador que desestima sus fortalezas y no viste para impresionar en una entrevista para un fondo de inversión en Wall Street. Imagínate a un Conciliador que va a las entrevistas para conocer mejor a otras personas y cuya propia indumentaria le parece irrelevante cuando intenta que lo contraten en un estudio de diseño. En algunos puestos e industrias, tu ropa importa y se espera que tengas cierto ego; son cualificaciones que el entrevistador espera ver en ti.

Los Conciliadores son muy buenos imitando al entrevistador. Si tienen delante a una persona expresiva que toma la iniciativa, este enfoque les irá bien porque tendrán mucho con que trabajar. Pero si los entrevista alguien demasiado serio o que no demuestra sus emociones, se sentirán perdidos ante la falta de señales.

Un Conciliador me contó: «Una vez me entrevistó una mujer que no me transmitió absolutamente nada. Me hacía las preguntas como un robot y no me dio una sola señal no verbal, ni una sonrisa, ni una mueca, nada. Me desorientó. No me dio nada que pudiera utilizar y no supe cómo ser porque siempre me he basado en la otra persona». En última instancia, basar en tu entrevistador la forma en que te muestras no es la mejor manera de proceder porque puedes perderte por el camino.

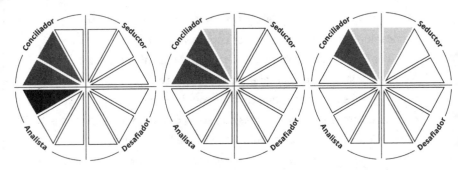

De izquierda a derecha: Conciliador con tendencias de Analista, Conciliador y Conciliador con tendencias de Seductor

## Variaciones del Conciliador

Como en todos los estilos, existen variaciones entre los Conciliadores. Como verás en el hexágono de los estilos de entrevista, los Conciliadores lindan con los Analistas y los Seductores, y a menudo comparten rasgos con ellos.

### RASGOS QUE LOS CONCILIADORES COMPARTEN CON LOS ANALISTAS

- *Son reservados.*
- *No se ofrecerán para algo que no está en su hoja de vida.*
- *Son introvertidos; el acceso a ellos está limitado a su personaje público y su vida laboral.*
- *Tardan en abrirse.*
- *Piensan para hablar.*
- *Son callados.*

- Sus respuestas son cortas y concisas.
- No toman la iniciativa en las conversaciones.
- Resuelven sus problemas por medio de la reflexión.

## RASGOS QUE LOS CONCILIADORES COMPARTEN CON LOS SEDUCTORES

- Se centran en las personas.
- Se enfocan en su experiencia externa.
- Son complacientes y flexibles.
- Son encantadores.
- Saben cómo su personalidad encaja en la cultura de la empresa.
- Creen que cualquiera puede ser convencido y su lema es: «El encanto funciona».
- Dan una buena impresión siendo amigables, agradables y cercanos.
- Se sienten cómodos con la ambigüedad, pueden improvisar.
- Se sienten cómodos vendiéndose a sí mismos.
- Su confianza proviene de su deseabilidad social.
- Les gusta la conversación casual y la charla.
- Pueden cambiar su estilo y sus respuestas para adaptarse a otras personas.
- Se apoyan en habilidades blandas.
- No les gusta cuando la entrevista es exclusivamente técnica.

> • *Necesitan algo de conversación casual para romper el hielo y reducir los nervios; necesitan una conexión para relajarse.*

Debido a este solapamiento, existen dos variaciones del estilo Conciliador: el Conciliador/Analista y el Conciliador/Seductor. Observemos qué diferencia a estas tres clases de Conciliadores.

## Conciliador/Analista

Los Conciliadores/Analistas son introvertidos y complacientes con tendencias a mantenerse firmes. Son los más precisos entre todos los Conciliadores. Se contienen hasta que algo llama su atención y solo se involucrarán en la conversación si el tema les interesa. Es más probable que observen mientras otros están hablando. No dirigen la conversación hacia sí o cambian de tema. Su estilo de conversación está centrado en el otro; no hablan sobre sí mismos ni comparten nada personal. Son reservados, callados y modestos. Los Conciliadores/Analistas nunca toman la iniciativa. Priorizan encajar, lo que otros necesitan de ellos y cómo pueden adaptarse a la cultura de la empresa. Esto los diferencia, por ejemplo, de los Seductores, que se centran en cómo la empresa puede beneficiarlos a ellos.

## Conciliador

Un Conciliador (sin ninguna variación) es introvertido y complaciente. Una entrevista no es el entorno natural para un introvertido porque no suele estar dispuesto a abrirse a alguien pocos minutos después de conocerlo. Son reservados y se guardan sus emociones y entusiasmo para sí. No dejan entrever nada. De todos los estilos, los Conciliadores son quienes están más dispuestos a adaptarse. Prefieren entrevistas no estructuradas que se sientan como conversaciones. Como piensan para hablar, necesitan tiempo para reflexionar y organizar sus pensamientos y respuestas. Son más callados que el resto de los estilos, así que a menudo hacen mejores preguntas y son, en general, más considerados y se les da mejor escuchar. Los Conciliadores se centran en su experiencia externa, y su estilo cambia según quién los esté entrevistando. Priorizan la adaptación, el buen ambiente y no «agitar el avispero». Dan una buena impresión siendo fáciles de tratar.

## Conciliador/Seductor

Los Conciliadores/Seductores son introvertidos con tendencias complacientes. Son los Conciliadores más abiertos, pero, cuando no están en un entorno que les exige serlo, prefieren ser discretos. Suelen equilibrarse con el entrevistador. Por ejemplo, si los entrevista un extrovertido, quizá se comporten de forma más introvertida, y viceversa. Los Conciliadores/Seductores permiten que personalidades más dominantes tomen el control. Se contienen y observan la conversación hasta que algo les llama la atención, y se involucran en ella solo si el tema les interesa. No encauzan la conversación hacía sí mismos ni cambian de tema sin motivo. Solo buscarán llamar la atención si el contexto es el adecuado. Los Conciliadores/Seductores seducen siendo considerados.

## Conclusiones clave

## Cómo saber si estás hablando con un Conciliador

- Escuchan.

- Son tolerantes.

- Les gusta conocerte.

- Dan la impresión de ser cálidos y colaborativos.

- Se contienen, especialmente con personas a quienes no conocen o en situaciones donde las dinámicas de poder son desiguales.

- Temen agitar el avispero o no encajar.

- Ven las entrevistas como las pruebas para un equipo al que quieren pertenecer.

- Te hacen percibirlos como cualificados por medio de la simpatía.

(Para practicar la identificación de los distintos estilos, remítete a la actividad «Descifrar los estilos de entrevista» en el Apéndice).

# Fortalezas y fortalezas sobrexplotadas

Los Conciliadores tienen muchas fortalezas, pero cuando no están equilibrados, sus intenciones pueden ser malinterpretadas. La siguiente tabla muestra sus fortalezas y cómo estas pueden percibirse cuando se sobrexplotan.

| Fortalezas | Fortalezas sobrexplotadas |
| --- | --- |
| Capaces | Mal preparados |
| Flexibles | Demasiado flexibles, carentes de agallas |
| Simpáticos | Sin opinión propia |
| Observadores | No contribuyen |
| Sensibles | Contenidos |
| Encantados de seguir la corriente | Seguidores sin voluntad propia |
| Centrados en su experiencia externa | Priorizan a otros sobre sí mismos |

# 12

# Entrevistarse con un Conciliador

No quería empezar este libro contando mi propia historia. No quiero que la gente me conozca como aquella chica que se fue de casa a los quince años. Me he esforzado por alcanzar el éxito para dejar todo eso atrás. Durante muchos años, no le hablé a nadie de aquella época. Era algo que no quería que la gente supiera de mí. Deseaba que me conocieran por quién era, no por quién había sido. Temía que sintieran compasión por mí, darles pena, que me ayudaran porque pensaran que lo necesitaba.

Me daba miedo que me juzgaran.

El encargado de admisiones de Penn fue una de las últimas personas a quienes les conté mi historia. Hasta que me pidieron que diera una conferencia en DisruptHR.

DisruptHR son charlas de cinco minutos para profesionales de los Recursos Humanos donde se anima a los conferenciantes a escandalizar, maldecir y ser provocativos. Esto está lejos de mi estilo profesional, así que decidí enfocarlo desde una perspectiva más general y escribí un discurso sobre las carencias del proceso de contratación. Entonces, tuve una llamada de negocios con una mujer que trabaja en una organización sin fines de lucro dedicada al desarrollo económico cuyo objetivo es ayudar a los estudiantes universitarios a encontrar empleo y no tener que irse de Filadelfia. Nuestras misiones están muy alineadas y tenemos mucho en común, tanto personal como profesionalmente, así que acabamos manteniendo una conversación fantástica que se alargó más de una hora. Descubrimos que nuestros hijos tienen las mismas edades y que compartimos muchas experiencias de vida. Al final de la llamada, me pidió que asistiera a un panel para hablar sobre los desafíos a los que se enfrentan los estudiantes universitarios de primera generación. Le dije:

—Me encantaría, pero es el mismo día que me he comprometido para hablar en DisruptHR. De verdad que me gustaría mucho, pues, aunque no fui estudiante de primera generación, resueno mucho con sus problemas porque me fui de casa a los quince años y sé lo que es tener que trabajar y pagar el alquiler mientras estudias.

—Espero que tu conferencia en DisruptHR trate de eso —me contestó.

Yo me reí.

—No, de ninguna manera. No hablo de esto con nadie. De hecho, no puedo creer que te lo acabe de contar a ti.

—Pues deberías. Es inspirador e increíble —insistió.

Me dejó confundida y asumí que solo estaba siendo amable. Le hablé a mi pareja sobre la llamada y me animó a seguir su consejo, pero yo seguía sin creer que fuera buena idea.

Lo consulté con la almohada y me levanté preguntándome si quizá tenían razón. Las pocas veces que lo había hecho —abrirme así— me había sentido orgullosa. Quizá ya tenía la suficiente credibilidad profesional para poder permitírmelo. Quizá por fin era lo bastante valiente para ser vulnerable. Me senté frente a la computadora y escribí un nuevo discurso. Lo terminé preocupada por lo que fuera a pensar la gente, pero a una parte de mí le encantaba.

Practiqué con varios amigos y estuve a punto de llorar más de una vez. Me animaron después de cada intento. Lo recitaba de camino al trabajo, en la ducha y antes de acostarme. Cada vez que tenía cinco minutos, trabajaba en memorizarlo. Cuanto más practicaba, más cómoda me sentía. Y cuando llegó el día, no tenía ninguna reserva sobre su contenido.

Aquella noche me tocó ser la novena de once conferenciantes. Estaba emocionada ante aquella oportunidad, pero una fastidiosa parte de mí se preguntaba si estaba tomando la decisión profesional adecuada. ¿Qué pensarían mis clientes? ¿Qué pensarían mis empleados? Todos estaban en la audiencia. Había más de doscientas cincuenta personas en la sala y conocía personalmente a más de cincuenta. ¿En qué estaba pensando?

Me subí al escenario y conté mi historia. Frente a todas aquellas personas, bajo esas luces, me dejé ver. Toda yo. Entera. Por primera vez, asumí mi vida públicamente.

Después, la gente vino a felicitarme por un trabajo bien hecho. Me estrecharon la mano y se presentaron. Había una mujer que esperó pacientemente detrás de la multitud. Cuando la gente se dispersó, se me acercó y me agarró de los hombros:

—Gracias por contar su historia.

No estaba preparada para eso. A decir verdad, apenas estaba preparada para contarla, y no se diga para que alguien me diera las gracias por ello. Me pilló tan desprevenida que le dije:

—¿Me está dando las gracias? Debería dárselas yo a usted. Gracias por venir.

Se dio cuenta de que estaba tratando de evitar el cumplido y me zarandeó:

—Gracias a lo que ha hecho ahí arriba, a que ha contado su historia, me ha hecho sentir que puedo contar la mía. ¡Gracias!

Me quedé atónita. Nunca me lo había planteado así. Me había

limitado a pensar en mi humillación y vergüenza potenciales. No se me había pasado por la cabeza que, si compartía mis dificultades, facilitaría que otras personas hicieran lo mismo. Siempre lo había visto como algo mío, pero, cuando cuentas tu historia, conectas con otras personas y pasas a formar parte de la suya.

Tardé veinticinco años en llegar a esa conclusión. Me tomó casi una década de enseñar a otras personas a enfrentar una entrevista para entender del todo el verdadero motivo por el que lo hacía. Sí, me encantan las entrevistas, pero lo que hago en realidad es empoderar a otros para que cuenten sus historias.

Conozco el poder que tiene eso. Durante años, deseé que no me hubiese ocurrido. Después, deseé que mi éxito compensara por ello. Luego, pensé que, si lo superaba y formaba mi propia familia y era una madre fantástica, mi pasado desaparecería por arte de magia. Pero nada funcionó. Lo que funcionó fue mirar atrás y darme cuenta de que la persona que soy es aquella que tomó buenas decisiones, que se ganó el éxito, que se sintió inspirada y decidida a ser una buena madre, y que nació de la experiencia que durante tantos años quiso fingir que nunca había ocurrido. Me di cuenta de que asumir toda mi historia es la fuente de mi verdadero poder.

Esto es lo que espero enseñarle a todo el mundo, pero especialmente a los Conciliadores. No somos solo una fracción de nuestra vida. No somos solo la parte que queremos mostrarle al mundo. Ni la que mostramos en una entrevista, ni a nuestros amigos, ni a nuestras parejas, ni siquiera a nuestros jefes. Quienquiera que seas hoy ha nacido de lo que superaste, lograste y te ganaste en el pasado. Renegar de tu pasado es renegar de todo lo bueno que te dio. ¿No trata la vida de crecer y evolucionar hacia un yo superior? Pues no podemos hacerlo si creemos que nuestro pasado es irrelevante.

Mi historia es mía. ¿Cuál es la tuya?

## Por qué los Conciliadores necesitan encajar

Querer formar parte de algo más grande que tú mismo es noble y es una excelente cualidad. Querer encajar en la cultura de una empresa o en un equipo es admirable. A los Conciliadores se les da muy bien pensar en el colectivo, son compañeros confiables y socios fantásticos. Se centran en el bien común, en la perspectiva general, en cómo afectará lo que hagan a los demás. Son altruistas y considerados. En una entrevista todo esto puede interponerse en su camino, puede impedirles reconocer sus éxitos y compartir sus contribuciones individuales.

Si siempre te percibes como una rueda en un engranaje, como parte de un mecanismo, es fácil olvidar —o siquiera plantearte— qué te hace único. En una entrevista debemos señalar lo que nos hace especiales, únicos, valiosos. Tenemos que poder contestar a la pregunta: «¿Por qué debería contratarte?» o, si somos los entrevistadores, «¿Por qué debería querer trabajar para ti?». Esta pregunta, como otras muchas de las que se hacen en las entrevistas, es casi imposible de contestar si nunca has reflexionado sobre ella en profundidad y te la has contestado.

Eso es todo. Como son tan altruistas, los Conciliadores no se dan cuenta de que una entrevista trata exclusivamente sobre quiénes son. La ven, más bien, como una prueba para un equipo al que quieren unirse, así que tienden a centrar sus respuestas en cómo le serán útiles a la compañía.

Los Conciliadores no muestran su valor hablando de sí mismos, sino pensando en los demás. A menudo no invierten el tiempo necesario antes de la entrevista en descubrir qué los cualifica más allá de saber trabajar en equipo. He escuchado a Conciliadores contestar a casi cualquier pregunta de entrevista con alguna variación de: «Haré lo que haga falta» o «Estaré encantada de ayudar en lo que pueda». Venden su interés en ayudar, pero no en cómo pueden ayudar o, más importante, cómo prefieren trabajar. Dado que priorizan la adaptación, raramente se plantan y dicen: «Prefiero la atención al cliente». Por el contrario, se centran en ti, en el departamento o en las necesidades de la empresa. Este estilo funciona muy bien en una organización que busque empleados leales que pongan al colectivo por encima de sí mismos. Sin embargo, la mayoría de los entrevistadores quieren ver lo que puedes hacer, no cómo encajarás. Quizá interpreten tu estilo como inseguro o insustancial; a lo mejor das esa impresión y así te sientes. En su maravilloso libro *La década decisiva*, Meg Jay define la confianza[1] en uno mismo de la siguiente manera: «La confianza no proviene de nuestro interior, sino que entra en nosotros desde el exterior. Las personas se sienten menos ansiosas —y más confiadas— por dentro cuando pueden señalar lo que han hecho bien por fuera». Señalar tus habilidades no solo sirve para mostrarte seguro, sino también para sentirte como tal. Atribuirte tus logros te obliga primero a reconocerlos. Ante todo, esto te ayudará a probarte lo que vales.

Como si fuera la prueba para entrar en un equipo, los Conciliadores suelen centrarse más en su necesidad de encajar que en la necesidad de que el equipo encaje con ellos. Buscan la aprobación de todo el mundo y quieren sentirse aceptados por la compañía. Demuestran su valía escuchando y se desempeñan mejor cuando tienen delante a un entrevistador al que pueden leer o ante el que pueden reaccionar. Asumen que esta estrategia de escuchar y absorber todo lo que oyen les servirá para descubrir o deducir muchas cosas de la entrevista. Pero, como ya sabemos, existe una importante cantidad de investigación[2] que demuestra que se nos da mal evaluar lo que piensan, sienten y, especialmente, quieren otras personas. Como los Conciliadores están tan centrados en que los seleccionen para el equipo, son quienes más riesgo corren de terminar en el equipo equivocado o de adaptarse tan bien durante la entrevista que acaban en una posición o en una empresa que no les conviene.

Al final, lo que queremos todos es encontrar un empleo o contratar a un candidato con el que vayamos a encajar a largo plazo. Queremos un lugar donde aprender, crecer y ser valorados por quiénes somos, y eso no puede ocurrir si finges ser algo que no eres. Hasta que hagas lo que tienes que hacer —descubrir quién eres—, aquel lugar que ansías seguirá eludiéndote.

Los Conciliadores les dan más valor a otras personas que a sí mismos y eso suele conducirlos a que se borren como individuos. Sacrifican mucho de quiénes son en pro de los demás, pero no reciben nada a cambio por su sufrimiento. No nos sirve de nada sentir que le debemos algo a otra persona; quedarnos en un trabajo para el que somos demasiado buenos; estar sobrecalificados o mantener relaciones con gente que nos engaña y se aprovecha de nosotros.

La docilidad y el abandono no son una muestra de bondad. Aprende a sentirte cómodo siendo egoísta y priorizándote. Cualquier cosa que valga la pena lo requiere en cierta medida. Los Conciliadores deben encontrar el valor para priorizarse y ser más directos al expresar sus sueños, deseos e intereses. No para hacer sufrir a otras personas, sino para protegerse a sí mismos y sus recursos, y así poder servir al mundo de la mejor manera posible. No puedes beber de una copa vacía. No puedes hacer el bien a otros si no te ocupas primero de ti. Carecer de egoísmo es el camino más rápido para convertirnos en miembros amargados e ineficientes en un equipo, que es precisamente lo contrario de lo que más le importa a un Conciliador.

Comprométete a desarrollar tus facetas psicológica y espiritual. Viaja. Invierte tiempo en ti. No siempre es sabio poner a los demás por delante.

Por supuesto, los Conciliadores son conscientes de los beneficios de alzar la voz e, irónicamente, también suelen ser quienes defienden y dan la cara por otras personas.

La resistencia a alzar la voz, a asumir tu poder y a tomar partido suele provenir del miedo a que te pase algo. Así que tienes que aprender a estar cómodo asumiendo tu voz y tu historia. No debes disfrazar lo que deseas en pro de las necesidades ajenas.

Es importante recordar que tú también tienes autonomía en una entrevista, que es una carretera de dos direcciones. Tus pensamientos son valiosos y se espera que hagas valer tu opinión. La compleja conducta de los Conciliadores no siempre tiene el efecto deseado. Quieren que se los perciba como fáciles de tratar y complacientes, pero a la larga su actitud tiene el efecto contrario. Poco a poco, a medida que se los llega a conocer, la gente se siente decepcionada y disgustada porque no son quienes dijeron ser. Es importante ser muy honesto y vulnerable al principio de una relación, y las entrevistas no son una excepción. Quizá estés desesperado y necesites un empleo, pero así solo terminarás encontrándote en un lugar que no te conviene.

## Cómo pueden los Conciliadores gestionar su necesidad de encajar

No puedes encajar en cada grupo y compañía. Encajar es fantástico si el lugar refleja tus valores y te honra, pero, para encontrar ese lugar, tendrás que conocerte.

**FUNDAMENTO DE ENTREVISTA PARA CANDIDATOS**

No puedes encajar en cada grupo y compañía. Encajar es fantástico si el lugar refleja tus valores y te honra, pero, para encontrar ese lugar, tendrás que conocerte.

Mientras que los Conciliadores están tan centrados en encajar que no se les ocurre plantearse si la posición en la compañía encaja con ellos, los Desafiadores y los Analistas hacen lo contrario: se toman el tiempo necesario para decidir si el lugar les conviene antes de que los contraten. Los Seductores y los Conciliadores hacen esto cuando ya los han contratado. Primero necesitan la aprobación y, cuando ya han descubierto qué quiere de ellos la compañía o la persona, entonces piensan en todo lo demás.

Como Conciliador, puedes encajar en cualquier parte, pero, en cuanto hayas acumulado cierta experiencia de vida, no tardarás en darte cuenta de que debes ser más selectivo. No se trata solo de encajar, ¡sino de encontrar el lugar adecuado para ello! Antes de empezar las entrevistas, tómate un tiempo para pensar en lo que quieres. Si buscas trabajo, determina la clase de empresa para la que te gustaría trabajar y el puesto que esperas obtener. Si eres encargado de selección, escribe lo que quieres de un candidato. Después, pídele a alguien de confianza que sea tu compañero de responsabilidad y que, al terminar la entrevista, te ayude a decidir si el candidato se alinea con la lista que has escrito.

Llevo más de tres años trabajando con el director de una compañía para ayudarlo a encontrar personal en su entidad de crédito. Ve lo mejor de todo el mundo. Es un líder nato y sus empleados lo adoran, le bajarían la luna si se lo pidiera. Pero un gran poder conlleva una gran responsabilidad. Fíjate en que su problema no es que le cueste contratar a alguien, sino que no sabe contratar a la persona adecuada. Cuando eres generoso y considerado, y ves lo mejor de todo el mundo, crees que puedes trabajar con cualquiera. Pero levantar un negocio implica crear una cultura en la que no cabe cualquiera. Tu empresa necesita un cierto tipo de empleado para cumplir su función. Tu industria —como, en su caso, las finanzas— puede requerir ciertos estándares éticos, y si no te aseguras durante el proceso de selección de que el candidato los cumple, tendrás una cultura dispareja que no podrá servir a tus clientes. Los Conciliadores que abordan bien una entrevista reconocen su incapacidad innata para ser selectivos; han asumido que no son gente que juzgue o critique, así que han aprendido a crear sus propios límites y exigencias. Mi cliente decidió hacer eso estableciendo una misión y unos valores explícitos para la compañía. Ahora, después de cada entrevista, siempre se pregunta si el candidato es honesto, ético, capaz y comprometido. Aunque todavía se lleva de maravilla con todo el mundo, por fin tiene requisitos que le ayudan a saber quién encaja en el puesto. Cuando los Conciliadores saben entrevistar es porque han diseñado conscientemente los límites de los que carecen por naturaleza. Conocen sus tendencias innatas y han practicado la contención y la capacidad de observación para obtener los resultados que necesitan.

También es útil reconocer que el candidato, el entrevistador o la cultura de la empresa no son perfectos para así evitar idealizarlos. No poseen todas las respuestas y tienen tantos defectos como tú o como yo. Cuando consideras un puesto o una compañía desde esta perspectiva, puedes eliminar tu necesidad de hacer malabares para convertirte en una versión idealizada de ti mismo.

## Cuando los Conciliadores abordan bien una entrevista

Los Conciliadores son cálidos y tolerantes, generan una sensación de comodidad. Llegan a conocerte escuchándote y añadiendo a lo que les dices. A diferencia de otros estilos que dan mucho la cara, ellos ponen el foco sobre la persona con la que están hablando. Es difícil no llevarte bien con alguien que te presta tanta atención como un Conciliador.

Son conscientes de cómo se sienten y sus ideas son susceptibles de cambiar. Ceden y están dispuestos a asumir el punto de vista de su interlocutor y a atribuirle el mérito a otra persona; son generosos y tienen buena voluntad. Los Desafiadores, su opuesto, ven las cosas en blanco y negro, pero a ellos se les da bien existir en una escala de grises. Saben que no todo es bueno o malo. Creen que es imposible tener siempre la razón y, como son seres complejos, asumen que todo el mundo lo es. No les cuesta ver los matices y tener una perspectiva equilibrada.

Un Conciliador que aborda bien una entrevista equilibra su necesidad de encajar con ser consciente de lo que necesita. No renuncia a quién es y conoce sus límites, a menudo, debido a experiencias pasadas en que ignoró su intuición. Tiene una capacidad innata para caer bien porque minimiza cualquier parte de su personalidad que pueda repeler a alguien. Sin embargo, sabe mostrar su verdadero yo en lugar de la versión que cree que la otra persona quiere ver. Cuando un Conciliador se abre, sabe que sería una falta de respeto hacia sí mismo fingir ser algo que no es.

## Cuando los Conciliadores abordan mal una entrevista

Cuando un Conciliador aborda mal una entrevista, a menudo depende demasiado de su capacidad de amoldarse a lo que la otra persona quiere. Se pierde tratando de ser lo que todo el mundo necesita. Como es imposible saber lo que alguien quiere en el contexto de una entrevista, presentarte ahí y comportarte como crees que la otra persona desea puede meterte en problemas. Puedes parecer disperso, indeciso y ambivalente.

El miedo de los Conciliadores a que los rechacen si se muestran tal como son los sobrepasa tanto que ponen una barrera entre ellos y el mundo: se diluyen. Esto suele costarles caro porque las personas necesitamos contrastes. Este miedo y la necesidad de mezclarse con su entorno les impide ver qué los diferencia. Esto puede hacer que un entrevistador termine pensando: «¿Quién es esta persona? ¿En qué cree? ¿Qué puede aportarme?». Por su parte, alguien que busca trabajo puede terminar la interacción sin saber qué se espera de él en el puesto.

Cuando un Conciliador no sabe afrontar una entrevista, le cede el protagonismo a su interlocutor y devalúa sus experiencias y su misma identidad porque cree que es más importante conocer a la otra persona.

Esto también le hace daño a los demás porque no te estás representando de forma honesta ni siendo sincero con lo que necesitas. Si la gente no sabe lo que quieres, no te lo puede dar; si no se lo dices, no podrán ayudarte. Las personas son más fuertes de lo que crees; podrán soportar la verdad. Nunca te juzgarán con la dureza con la que te juzgas tú. Si no es así, date la vuelta y vete; el trabajo no era para ti. Debes poder lidiar con no agradarle a alguien en nombre de la verdad o de una conversación honesta. Es un riesgo que vale la pena correr. Practica la resiliencia interior cuando creas que está a punto de pasar lo peor: quizá no consigas el trabajo, pero terminarás por encontrar otro que será incluso mejor.

## Cómo entrevistar a un candidato Conciliador

La cortesía ya no es lo que era. En los últimos 150 años, la cultura estadounidense ha reforzado una forma de comunicarse más directa: decir lo que se piensa y no andarse con rodeos. Así, la cortesía se ha vuelto grosería porque da una impresión de insinceridad o falsedad. De igual manera que los Seductores pueden ser percibidos como camaleones, los Conciliadores pueden parecer demasiado agradables, lo que tiene sus desventajas.

Los Conciliadores tienen una estrategia deliberada para proteger a los demás. Invierten enormes cantidades de energía para que nadie tenga que soportarlos. Creen que la mayoría de la gente probablemente no pueda aceptar quiénes son o qué opinan, así que deben ocultarlo.

Son muy conscientes de que otras personas pueden estar en situaciones muy distintas a las suyas y, por lo tanto, se guardan sus opiniones o ideas para no alienarlos. No tienen forma de descubrir lo que su audiencia siente de verdad y no están dispuestos a exponerse hasta que lo sepan con seguridad. Su estrategia en las entrevistas se basa en la comprensión de que las personas son enormemente distintas entre sí y que sus opiniones pueden no ser las suyas. A diferencia de los Desafiadores, que asumen que la mayoría de la gente comparte sus fuertes convicciones y a quienes cualquier comentario los puede sumergir en la inseguridad o la autocrítica, los Conciliadores siempre se cuidan de no decir nada que pueda poner a alguien en una posición incómoda, porque ellos tampoco quieren que se les pida nada que les incomode, tener que dar su opinión o plantarse.

Dado que les importan los sentimientos ajenos, contestar preguntas de entrevista sobre sí mismos es un acto de valentía. En ellas, se ven obligados a ser claros y a dar un punto de vista o una opinión firme con poca información y sin poder hacer la investigación preliminar a la que están acostumbrados antes de someterse a esta clase de vulnerabilidad. Es fácil ser quienes son ante amigos cercanos o familiares, pero hacerlo en una sala de reuniones frente a desconocidos se sientes casi grosero y presuntuoso.

Para ayudar a un candidato Conciliador a derribar sus barreras y abrirse, es importante que los encargados de selección creen un espacio seguro durante la entrevista. Esto es crucial porque un entrevistador que de primeras pone contra las cuerdas a un candidato Conciliador solo conseguirá que se cierre y no logrará hacerse una idea precisa o completa de quién es o qué sabe hacer. Haz que los candidatos Conciliadores se sientan cómodos y anímalos a hablar de sí mismos y de sus éxitos. Asegúrales que los has invitado a la entrevista porque crees que tienen lo que hace falta. Esto les dará confianza en sí mismos. Decirles cosas como: «Cuéntame qué hiciste», «Queremos escuchar tu opinión» o «¿Cómo te hizo sentir eso?» los anima a hablar en primera persona y a utilizar el «yo» en lugar del «nosotros»; los empuja a hablar de forma específica sobre sí mismos y sus cualificaciones.

Un Conciliador nunca tomará la iniciativa en una conversación, así que, cuando lo estés entrevistando, es importante que te contengas en cuánto hablas. Este es uno de los mejores consejos que tengo para cualquier encargado de selección: habla menos que el entrevistado, pero en especial, cuando te enfrentas a un Conciliador. Haz preguntas profundas y luego dale la palabra para que tenga espacio para hablar. Esta es la única forma de escucharlos lo suficiente y terminar la entrevista con una buena idea de quiénes son.

### FUNDAMENTO DE ENTREVISTA PARA ENCARGADOS DE SELECCIÓN

Los encargados de selección deberían hablar un tiempo significativamente más corto que los candidatos. Limítate a hacer preguntas y dale mucho espacio al entrevistado para contestar, hablar de sí mismo y probar por qué está cualificado.

## Cómo entrevistarse con un encargado de selección Conciliador

De la misma forma en que un encargado de selección Desafiador enfoca una entrevista como un intenso interrogatorio, sus opuestos, los Conciliadores, lo hacen como una prueba para un equipo. Encarnan la creencia de que todo el mundo tiene valor y que su trabajo consiste en descubrir cuál es. No se enfrentan a la entrevista con la actitud escéptica del Desafiador para tratar de ver si la persona que tienen enfrente es quién dice ser, sino que tratan de averiguar quién es para darle una oportunidad. Un Conciliador evolucionado y experimentado sabe que no todo el mundo valdrá para lo que necesita, pero este conocimiento a menudo proviene de años de haberle dado oportunidades a gente que carecía de las habilidades necesarias porque, llegado el momento, el Conciliador nunca quiere ser quien diga que no o que una persona no da la talla. Creen que todo el mundo tiene siempre algo de valor. Estos atributos y creencias los hacen grandes líderes, pero no siempre los más perceptivos.

Como es más de escuchar que de hablar, el entrevistado puede sentir que está en una sesión de terapia más que en una entrevista. Su energía es menos «Explícame por qué hiciste esto» y más «¿Por qué ocurrió esto?». A pesar de que un Conciliador en esta posición tiene todo el poder, nunca termina de estar cómodo con su responsabilidad y prefiere hacer sentir bien al candidato y dejarlo contestar a su manera y a su ritmo. Para los entrevistados, especialmente si son Desafiadores o Examinadores, esto puede parecer poco riguroso y hacerles creer que su interlocutor no los está entrevistando de verdad. Es irónico, porque la obligación de hablar debería recaer sobre ellos, no sobre quien los está entrevistando. Es bueno que quieran oírte hablar.

Los Conciliadores interpretan su propia actitud como bondadosa, comprensiva y abierta, pero a un candidato puede parecerle poco clara y, por lo tanto, hacerlo sentir inseguro de la decisión de trabajar para alguien que parece tan evasivo. Como candidato, este es el punto en que debes dejar de lado tus suposiciones y escepticismo, y olvidarte de cómo crees que debería ser una entrevista. Un Conciliador solo aceptará conocerte si siente que eres capaz, no necesitas probarlo durante la entrevista. Confía en que ya está convencido de ello antes de verte y permite que trate de conocerte mejor. Que enfoque la situación de forma distinta a cómo lo harías tú, no significa que no sepa hacer su trabajo o que no esté bien trabajar con él. Trata de entender el motivo tras su forma de ver la situación y respeta lo que considere adecuado.

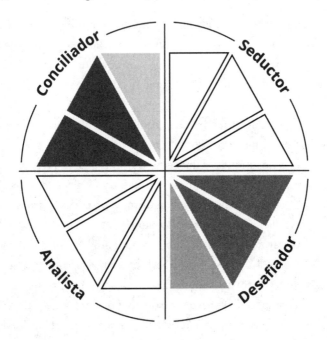

## Cómo aborda un Conciliador una entrevista con su opuesto: el Desafiador

Los Desafiadores se centran en las tareas, son expresivos y su estilo de entrevista es resuelto y no cambia según la situación. Por su parte, los Conciliadores dependen de su capacidad para leer a la otra persona, conectar con ella y buscar formas de adaptarse como corresponda. Los Conciliadores casi siempre permiten que su interlocutor determine quién llevará la batuta en la conversación, pero, en esta dinámica, es posible que sientan que no tienen más remedio que seguir al Desafiador. Este se centrará en los frutos del trabajo del candidato y en qué lo motiva. Querrán examinar sus respuestas y llegar al meollo de la cuestión, lo que puede ser difícil para quienes deben contestar, pues estos entrevistadores no suelen equilibrar su actitud con un interés por la persona que tienen delante, lo que deja a los Conciliadores con la sensación de que han hablado mucho de sus habilidades, pero muy poco de lo que les importa, como conectar, comentar qué necesita el equipo y la cultura de la empresa. Los Desafiadores son todo negocios, no te lo tomes como algo personal. Solo les impresionan la preparación y la determinación. Los Conciliadores hacen que las personas se sientan escuchadas y respetadas, lo que es una prioridad para los Desafiadores. En ese sentido, la conversación se sentirá natural.

## Cómo equilibrar tu enfoque para acceder al resto de los estilos

Los Conciliadores pueden alcanzar un éxito mayor si utilizan rasgos de otros estilos para equilibrar sus tendencias naturales:

- *Pueden aprovechar la capacidad de los Seductores de ser el centro de atención sin agitar el avispero.*

- *Les irá mejor en las entrevistas cuando se preocupen menos de su audiencia y más de lo que necesitan, igual que hace un Desafiador.*

- *Pueden reconocer sus necesidades y deseos utilizando la firmeza y el compromiso inquebrantable que tienen los Analistas consigo mismos.*

## Conclusiones clave para candidatos Conciliadores

- Priorizar a otras personas es admirable, pero una entrevista no trata de otros, sino de ti. Tienes que aprender a sentirte cómodo vendiéndote como individuo, no solo como compañero de trabajo o miembro de un equipo. No necesitas un equipo para demostrar tu valía; ya eres valioso como individuo.

- Sueles contenerte si no tienes claro quién es tu audiencia. Siéntete cómodo siendo tú mismo independientemente de a quién tengas delante. Priorizar demasiado a otras personas hace que le prestes demasiada atención a cómo deberías presentarte para encajar.

## Conclusiones clave para encargados de selección Conciliadores

- Te verás atraído por el potencial de los candidatos; no cedas ante esta ansia. No estás contratando el potencial de alguien. Lo que necesitas, más bien, son personas que utilicen sus experiencias pasadas o sus habilidades transferibles para demostrarte en la entrevista que saben hacer su trabajo.

- Tu tendencia natural es dejar que la gente se abra ante ti a su manera; sin embargo, una entrevista no permite esto. Debes preparar preguntas de entrevista que se centren específicamente en las cualificaciones del entrevistado y en por qué quiere el puesto.

- Aprende a sentirte cómodo con la incomodidad. Como entrevistador, tienes que hacer preguntas y dejar que el candidato se busque la vida; por muy difícil que sea para alguien a quien le gusta ayudar.

**Consejo para Conciliadores**

**Mantras preentrevista para que los Conciliadores lidien con su necesidad de encajar**

Vale la pena reconocer tu historia.

«Puedo destacar por mí mismo».

«Daré la cara por mí».

# TERCERA PARTE

## APLICAR LOS ESTILOS DE ENTREVISTA

# 13

# Lo que descubrí junto a los cuatro estilos de entrevista

Cuando miro hacia atrás y recuerdo la primera entrevista que me cambió la vida, mi entrevista de acceso a la universidad, ahora entiendo por qué me aceptaron. Verás, no fue por la historia que conté, ni porque los sedujera, ni, por supuesto, por los resultados de mis exámenes SAT. No es que fuese ningún prodigio de las entrevistas, alguien con un talento natural que entró en una universidad de la Ivy League gracias a su elocuencia. Fue porque, a pesar de mi vergüenza y miedo, fui yo misma; con lo bueno y con lo malo. En ese entonces, me pareció que era mi única opción: debía ser sincera y explicar por lo que había pasado para demostrarles por qué debían admitirme. No tenía la suficiente experiencia de vida para pensar que aquel enfoque pudiera ser una mala idea. Fue la última vez que fui tan descaradamente honesta en una entrevista. Con el paso del tiempo, creo que esa entrevista fue clave.

A pesar de todos mis años de investigación y de saber mucho más sobre cómo abordar una entrevista, la verdad es que siempre he sabido la respuesta. La clave no se encuentra en el exterior, no se trata de memorizar las respuestas perfectas o de tener una hoja de vida impecable o el mejor traje. Lo que necesitas, ya lo tienes. ¡Eres tú!

Todos tenemos la capacidad de ser nosotros mismos y, sin embargo, la vida, el mundo laboral y las relaciones nos piden lo contrario. Damos demasiadas vueltas a las cosas. Escuchamos los consejos de la gente equivocada, consumimos contenido tóxico y nos vemos invadidos por la inseguridad. Nos comparamos con nuestra competencia, imaginaria o real; apostamos contra nosotros mismos; nos preguntamos por qué nadie nos aceptaría, nos contrataría o nos daría un aumento. Estamos tan enterrados en estos pensamientos que la montaña de ansiedad que hemos levantado parece insuperable. Para enfrentarla, relegamos las entrevistas a aquello que tampoco es para tanto, o nos repetimos que no podemos o no sabemos hacerlas.

Empezamos a pensar que se nos dan mal porque no estamos seguros de quiénes deberíamos ser en ese contexto. Y esto se debe a que no existe una forma única de ser ni una entrevista de manual. Así que al final no sabemos quiénes somos ni cómo vendernos en una situación que nos parece ambigua.

Cuando descubrí los estilos de entrevista, aprendí que todos tenemos una historia y un pasado. Algunos son tristes y trágicos; otros, comunes o incluso fantásticos. Pero nuestra historia no nos define, sino lo que hacemos con ella. Quiénes somos debido a ella. Cómo nos armamos con las cartas que nos han repartido y las convertimos en lo que queremos. Todos tenemos algo con lo que debemos aprender a vivir, pero su gravedad no es la misma para todo el mundo y las oportunidades de las que disponemos, tampoco. No puedo hacer desaparecer mi trauma infantil, pero puedo desentrañar las lecciones de mi desesperación. Debemos preguntarnos: «¿Cómo esto me ha convertido en quién soy? ¿Qué diablos voy a hacer con esto?».

Después de haber ayudado a miles de clientes, he descubierto lo que hace exitosa a la gente, especialmente en una entrevista. Una persona solo puede llegar a dónde quiere cuando sabe a dónde quiere llegar. No hay más. Saber lo que quieres y a dónde quieres ir es la mejor forma de reducir la ambigüedad. Es la forma de llegar a tu destino.

Todos esos años, sabía lo que quería. Ansiaba entrar en una muy buena universidad para cambiar mi vida. Lo logré porque estaba centrada, motivada y segura de mí misma, y ese conocimiento no surge de la nada, sino que proviene de conocerte y de conocer tus preferencias, metas y ambiciones. Es imposible encontrarlo en tus amigos, en las redes sociales o en tus padres. El trabajo de llegar a conocerte se hace por dentro. Creer que otra persona puede decirte quién eres, que la solución está fuera de ti y que no eres suficiente le quita el poder a tu voz, a tu historia y a tus deseos.

Nuestra sociedad nos bombardea con mensajes que nos dicen que no somos suficiente, que deberíamos hacer más o hacer las cosas de otra manera. El consumismo y la comparación son una trampa para hacerte creer que no eres suficiente, que debes comprar algo o ir a alguna parte, que la felicidad está al otro lado del arcoíris, que tu forma de actuar no está bien. Yo estoy aquí para decirte que eres suficiente tal como eres. Todo lo que necesitas es conocer tu propio poder y cómo acceder a él.

Espero que descubrir tu estilo de entrevista te haya empoderado. Espero que leer todas estas historias te haya dado la confianza para contar la tuya.

Espero que ahora sepas que el «cómo» es tan importante como el «qué». Espero que Mike te haya enseñado cuán importante es saber lo que quieres. Espero que hayas aprendido de Julia que la práctica y la preparación son la mitad de la batalla. Espero que Steve te haya inspirado a profundizar y acceder a partes de ti que quizá hubieses enterrado. Espero que Anita te haya recordado que no debes dejarte llevar por lo que «se supone» que debes querer, sino conectar con lo que necesitas.

Espero que la comprensión tanto de tu estilo como de los otros, te haya mostrado cuáles de tus suposiciones eran incorrectas y de qué manera desestimabas a las personas que representan cosas con las que no te identificas. Ojalá utilices el conocimiento de tu estilo como un espejo que te muestre qué puedes mejorar y el entendimiento del resto de estilos para ver cómo hacerlo.

Este es mi deseo para quien lea el libro y descubra su estilo de entrevista: que lo invite a reflexionar. ¿Cuánto dependes de atajos y sesgos? ¿Cómo creaste la idea de que tu forma de hacer las cosas es la correcta? Quizá seas un Desafiador y pienses que si alguien es callado en una entrevista significa que no muestra interés. O quizá seas un Analista y creas que contar historias sobre ti mismo es fanfarronear y que quien lo hace es lisonjero. Si eres un Conciliador y ante todo priorizas adaptarte a la compañía, puede que no te caigan bien quienes se preocupen más por sí mismos. O quizá eres un Seductor y sencillamente no «entiendes» a quienes no quieren conectar.

¿Y si los Seductores tomaran prestada la seguridad de alguien resuelto? ¿Y si los Desafiadores pudieran controlar su necesidad de tener la razón y adaptarse como lo haría un Conciliador? ¿Y si un Analista se abriera y disfrutara del proceso de entrevista con el deleite de un Seductor? ¿Y si todos suavizáramos un poco nuestro enfoque para equilibrar nuestro estilo y aprovecháramos lo mejor de cada uno?

Mike, Julia, Steve y Anita me ayudaron a descubrir una parte mejor de mí misma: aprendí en qué destaco y dónde están mis limitaciones. Ahora conecto conscientemente con mi opuesto y me imagino lo que haría. Esto me ha ayudado a descubrir formas de ser más empática y fiel a mí misma. Y, ante todo, he descubierto un amor y una compasión por los demás que proviene de un profundo aprecio por quiénes son, no por quiénes quiero que sean.

# Agradecimientos

mis seguidores: este libro no hubiese sido posible sin ustedes.

A Mike, Julia, Steve y Anita; ustedes saben quiénes son. Gracias por dejarme contar sus historias; estoy segura de que ayudarán a mucha gente.

A todas las personas con quienes he trabajado desde 2011. Aunque no los haya nombrado a todos, aprendí muchísimo ayudándolos. Este libro es el resultado de miles de horas de coaching, miles de revisiones de hojas de vida, miles de entrevistas y cientos de sesiones de formación. No sabría lo que sé si no hubiesen confiado en mí para ayudarlos. Por mi parte, he creado esto para ayudar a mucha más gente.

A mis hijos, que me enseñaron a ver y apreciar las diferencias, y también a amar de forma incondicional. Todo lo que hago es por ustedes. Son mi mayor logro. Y a Aaron, por animarme a compartir mi historia con el mundo.

Gracias a Arlene y a Don por ser mis primeros fans y al grupo de Lewes, especialmente a Fred y a Linda, por ayudarme a transitar el mundo editorial, estar conmigo desde el principio y decirme que «lo escribiera todo».

A la gente que me quiere tanto que me ha enseñado a quererme a mí misma y que ve mis mejores cualidades sin dejar de tolerar amorosamente mis defectos. Daniel, eres la persona más encantadora que he conocido, me recuerdas cada día de dónde vengo, no me dejas olvidar hacia dónde voy y haces que el camino sea divertido. Yael, me enseñaste hace tantos años a dejar de darle vueltas a las cosas, a confiar en el proceso y ponerme manos a la obra. Deirdre, mi compañera contemplativa, fuiste la primera en apreciar el valor de esta idea, y sigo buscando tu apoyo año tras año porque eres especial para mi intención sagrada. Eric, gracias por creer en mí y animarme.

Gracias a la tía Lynda, que encarna el entusiasmo y vive la vida con curiosidad infantil, por seguir asombrándome. A la tía Patty, por enseñarme que siempre he tenido el poder: eres mi Glinda, la bruja buena, y siempre has sido mi inspiración.

Que este libro sea la continuación de la memoria y el legado de mis abuelos. A Miguel: perderte me cambió para siempre.

Para los cuatro estilos de entrevista originales: David, Anuj, Zack y Nicolino. Nunca olvidaré nuestras sesiones ante el pizarrón y nuestras conversaciones filosóficas en el campus mientras comíamos pizzas malas, crepas y pollo de un camión de comida.

Gracias a Sara y Becky por ser las primeras en pasar por «mi bebé» —el Perfil de Entrevistología— y enseñarlo con el mismo nivel de profesionalidad, entusiasmo y pasión con que lo hago yo. Eternamente agradecida. A mi equipo de entrevistadores de prueba y formadores: Russell, Veronica y Kevin.

A Deb, fuiste la jefa perfecta. No hay duda de que estoy aquí y de que hago lo que hago porque viste algo en mí y me ayudaste a verlo por mí misma. A los de Bonnie, qué equipo tan bueno hacíamos en CS&B.

A mis clientes corporativos, que ven valor en mi producto y mis capacitaciones. A mis universidades clientas, especialmente a la Universidad de Temple, donde tuve mi primera oportunidad y pude llevar a cabo mi investigación. Y a todos los centros educativos de Estados Unidos que utilizan el Perfil de Entrevistología.

A la gente que me ayuda a escribir mejor: Kirby y Hollis de HarperCollins. Nuestra relación de cocreatividad y apoyo es algo que cualquier autor mataría por tener y me han tratado tan bien en mi primer libro que temo que me hayan malcriado para siempre. A Stacey Glick, mi agente, y a Danielle Dupré, mi asistente de investigación. A mis lectores beta: Nicole, Sarah, Bianca, Michelle y Robin. Sin ustedes todavía me estaría preguntando si he logrado transmitir mi mensaje como pretendía. Cada una me dio increíbles consejos, apoyo y ayuda durante el proceso de escritura y, gracias a ustedes, tanto este libro como yo nos hemos vuelto mejores. Especialmente a Robin, el genio tras el nombre de Entrevistología.

A los científicos de datos del Assessment Standards Institute, el doctor Dennis Koerner y el doctor Russ Watson: gracias por su guía, sabiduría y responsabilidad.

Me debo al trabajo de los autores que cito en este libro y de los investigadores que vinieron antes de mí. No podría haber llegado a mis conclusiones ni logrado nada de esto sin sus esfuerzos, y, por ello, estaré para siempre en deuda con el trabajo que se publicó antes que el mío.

A Sam Wood, mi diseñador gráfico, quien hace de mis ideas algo bello. A mis asociados de desarrollo empresarial, a mi equipo de marketing, a mis gurús de la página web y a mis expertos en redes sociales: no podría hacer lo que hago sin todos ustedes.

Y, ante todo, a ti: ¡gracias por haber leído este libro! Gracias por querer abordar mejor las entrevistas y gracias por permitirme ser la persona que te ayude en esta parte tan importante de tu camino. Al final de cada sesión, siempre les digo a mis clientes: «Esta es la parte más difícil, luego todo mejora». Mientras eso sucede, yo seguiré aquí guardándote un lugar al otro lado. ¡Buena suerte!

# Descifrar los estilos de entrevista

ee estos fragmentos de entrevistas reales. ¿Sabrías identificar los estilos de entrevista?

## Situación 1

Tyronne, un reclutador de una importante organización sin fines de lucro, lleva a cabo una entrevista de selección telefónica para una vacante en el departamento de informática.

**Tyronne:** Buenos días, ¿le iría bien hablar ahora?

**Candidato:** Por supuesto. Tenía ganas de conocerlo y de saber algo más sobre el puesto.

**Tyronne:** Muy bien.

*Silencio incómodo.*

**Tyronne:** ¿Por qué quiere dejar su trabajo actual? ¿Y por qué quiere trabajar aquí?

**Candidato:** Bien, como habrá visto en mi hoja de vida, llevo once años trabajando para mi empleador actual y siento que es buen momento para avanzar. Ando en busca de nuevos desafíos y veo que este trabajo... leí en la lista de tareas de su página web donde dice que necesitan a alguien para gestionar su nuevo programa de ciberseguridad. Me apasiona la ciberseguridad y soy un excelente líder de proyectos. De hecho, mi proyecto más reciente consistió en encabezar un nuevo programa de contabilidad e implementarlo en toda la compañía. ¡Fue un gran éxito! Hay que tener en cuenta muchos factores para que todo el mundo colabore en asegurarse de que no hay ningún *bug* ni problemas... y después hay que lidiar con las actualizaciones. Me considero un líder natural y creo que mis colegas me darían la razón. Tendría que haber visto sus caras cuando les dije que tendríamos que trabajar toda la noche para implementar el programa, pero no hubo problema: pedí pizza para todo el mundo.

**Tyronne:** Mmm... aquí no haría falta que trabajara toda la noche. Es una posición tradicional de nueve a cinco.

**Candidato:** Claro, por supuesto, pero estoy dispuesto a hacer lo que haga falta, ya sabe; es como hago yo las cosas. Con mis hijos, por ejemplo, les empaco la comida cada día y me aseguro de estar en todos sus entrenamientos; incluso entreno a sus equipos. El año pasado, el equipo de la Liga Menor de mi hijo llegó a las rondas finales. ¿Hace usted algún deporte?

**Tyronne:** Jugué un poco en la universidad... pero, volviendo a...

**Candidato:** Yo también. Jugué sóftbol y fútbol americano. Carajo, el fútbol americano se ha puesto muy peligroso últimamente, no estoy seguro de querer que mis hijos jueguen. ¿Tiene usted hijos?

**Tyronne:** No, no estoy casado. Centrémonos, por favor...

## Solución

Tyronne, el reclutador, es un Analista. Evita la conversación casual, pero respeta las formalidades, como asegurarse de que su interlocutor esté listo, y luego va directo a las preguntas de entrevista. Es como saltar a la parte profunda de la piscina.

El candidato es un Seductor, que se queda algo desorientado cuando la entrevista empieza sin ningún preliminar. Es halagador, habla de su experiencia por medio de anécdotas y trata de conectar a nivel personal. Sin embargo, como Tyronne es un Analista, no muerde el anzuelo, se mantiene muy profesional y no le da al candidato ninguna pista de si le parece que lo está haciendo bien o mal.

En esta situación, es probable que el candidato termine la interacción sintiéndose confundido. Su táctica habitual de hacer preguntas personales para conocer a su interlocutor ha fracasado y no lo ha llevado a ninguna parte. Lo más probable es que crea que le ha ido bien y que simplemente el reclutador estaba ocupado.

A Tyronne esta interacción le habrá molestado. Hubiese preferido que el candidato diera respuestas cortas, concisas y centradas exclusivamente en su experiencia, en por qué está cualificado para el puesto y en cómo sus habilidades encajan con las funciones. Ha terminado la interacción pensando que no le importaría trabajar con él, pero sin saber si puede hacer el trabajo, así que desestimará al candidato en favor de quien le haya dado una visión más clara de su habilidad para cumplir con sus funciones.

## Situación 2

Deb, una directora de Recursos Humanos, lleva a cabo una segunda entrevista para una vacante de generalista en su departamento.

**Deb:** Muchas gracias por venir. Permíteme que te cuente un poco sobre el puesto, la compañía y el equipo con el que trabajarás. Hace once años que dirijo este departamento. Antes, trabajé en UPS durante ocho años. Era un entorno intenso, con sindicatos y muchas regulaciones. Ayudábamos donde hiciera falta y teníamos que saber trabajar en el centro de distribución y ser capaces de suplir cualquier puesto en el edificio en caso de que hubiese una huelga. Aprendí mucho ahí. Esto es totalmente distinto. Pasar de transportes y envíos a los seguros fue un gran cambio. Mis mayores responsabilidades consisten en gestionar las prestaciones, los problemas entre empleados y el reclutamiento. Como sabes, necesitamos un generalista de Recursos Humanos que nos ayude con las prestaciones, las relaciones entre empleados y las nóminas. Me he leído tu hoja de vida y he visto que actualmente eres generalista en Comcast. Conozco bien la compañía. ¿Qué programa de Recursos Humanos utilizan ahí?

**Candidata:** Utilizamos el programa XYZ.

**Deb:** Ah, interesante. Es perfecto, porque usamos el mismo. ¿Podrías decirme cómo hacer un cambio de empleado y cómo prepararías una nómina?

**Candidata:** Sí. Primero, se abre un expediente, se introduce la información y se guarda el...

**Deb:** [Sin dejar terminar a la candidata]. Muy bien, exacto. ¿Y la nómina?

**Candidata:** No estoy segura. ¿A qué parte del proceso se refiere?

**Deb:** Nosotros utilizamos Paycheck y es un proceso de tres pasos que nos deja los informes listos en un Excel. ¿Qué tan bien manejas Excel? ¿Sabes hacer tablas dinámicas?

**Candidata:** No, lo siento, no sé.

## Solución

Deb es una Desafiadora. Habla mucho, le cuenta mucho a la candidata sobre sí misma y la bombardea con preguntas. Como no ha habido ninguna conversación previa ni se ha establecido ningún vínculo, la entrevistada se siente como si estuviera en un interrogatorio.

La candidata es una Conciliadora. Escucha con atención, no trata de interrumpir o de introducir sus pensamientos u opiniones, ni de hacer preguntas. Siente que no le corresponde agitar el avispero porque la otra persona está en una posición de poder. Piensa: «Si la entrevistadora quiere ser la única en hablar, la escucharé».

Deb cree que tiene que llevar la batuta en la conversación porque es quien manda, pero eso hace que interrumpa a la candidata cuando trata de hablar. Esta cree que lo está haciendo mal y se contiene todavía más. El tira y afloja de esta dinámica no está funcionando. La Desafiadora es demasiado para la tímida Conciliadora.

# Los cuatro estilos de entrevista

## CONCILIADOR

Conciliador/Analista     Conciliador     Conciliador/Seductor

*«Quiero adaptarme».*

- Empático
- Colaborador
- Observador
- Cálido
- Tolerante
- Fácil de tratar

## SEDUCTOR

Seductor/Conciliador     Seductor     Seductor/Desafiador

*«Quiero gustar».*

- Entusiasta
- Cautivador
- Busca aprobación
- Seguro de sí mismo
- Dispuesto
- Simpático

Complaciente

Introvertido ———————————————————— Extrovertido

 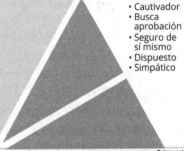

 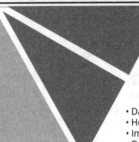

- Precavido
- Deliberado
- Estable
- Confiable
- Reservado
- Informado

*«Quiero hacer las cosas bien».*

- Da qué pensar
- Honesto
- Impávido
- Decidido
- Fuerte
- Apasionado

*«Quiero ser yo mismo».*

Resuelto

Analista/Conciliador     Analista     Analista/Desafiador

## ANALISTA

Desafiador/Analista     Desafiador     Desafiador/Seductor

## DESAFIADOR

# Hoja de repaso de los estilos de entrevista

H e aquí una hoja de repaso de los cuatro estilos de entrevista, un resumen rápido de las lecciones principales de cada estilo. Remítete a esta lista cuando necesites un recordatorio.

## Lo que prioriza cada estilo

**Seductor:** «Quiero gustar». Busca aprobación / Teme no ser aceptado o no caer bien.

**Desafiador:** «Quiero ser yo mismo / que me escuchen». Quiere ser escuchado / Teme que no lo respeten.

**Analista:** «Quiero hacer las cosas bien». Teme ser vulnerable.

**Conciliador:** «Quiero adaptarme / encajar». Teme no encontrar su lugar.

## Cómo muestra su valor cada estilo

**Los Seductores** muestran su valor siendo entusiastas.

**Los Desafiadores** muestran su valor haciendo preguntas.

**Los Analistas** muestran su valor siendo precisos.

**Los Conciliadores** muestran su valor siendo agradables.

## Cómo ve cada estilo las entrevistas

**Los Seductores** ven las entrevistas como una representación (sobre un escenario).

**Los Desafiadores** ven las entrevistas como una investigación (un interrogatorio en un juzgado).

**Los Analistas** ven las entrevistas como un examen (que será evaluado).

**Los Conciliadores** ven las entrevistas como una prueba (para entrar en un equipo).

## Consejo para cada estilo

**Seductor:** Vale la pena ser tú mismo.

**Desafiador:** Vale la pena confiar.

**Analista:** Vale la conectar.

**Conciliador:** Vale la pena reconocer tu historia.

## Lo peor de cada estilo

**Un Seductor** coacciona.

**Un Desafiador** exige.

**Un Analista** oculta.

**Un Conciliador** minimiza.

## En qué se centra cada estilo

**Los Seductores** y los **Conciliadores** se centran en los demás, en su experiencia externa.

**Los Desafiadores** y los **Analistas** se centran en sí mismos, en su experiencia interna.

## Qué es importante para cada estilo

**Seductores** y **Desafiadores:** El pasado es importante; hablemos del futuro.

**Conciliadores y Analistas:** El pasado es irrelevante; hablemos del presente.

## Qué atrae a cada estilo

**Los Seductores** encuentran gente a quien gustar.

**Los Desafiadores** saben encontrar excelentes subordinados.

**Los Analistas** son expertos en encontrar gente minuciosa.

**Los Conciliadores** se ven atraídos por el potencial.

# Lista de verdades y mitos universales, y fundamentos de entrevista

## Verdades universales

- No puedes escoger tu estilo de entrevista de la misma forma en que no puedes escoger tu personalidad.

- Todos tenemos tendencia a creer que el resto de la gente aborda las entrevistas igual que nosotros.

- Cada estilo tiene variaciones y curvas de aprendizaje. Lo haces mejor cuando equilibras tus rasgos y cambias tu enfoque según con quién te estés entrevistando.

- Nos gusta entrevistarnos con personas parecidas a nosotros.

- Los estilos de entrevista opuestos son un gran lugar para buscar rasgos que nos permitan equilibrar nuestras fortalezas sobrexplotadas.

## Mitos universales

- Existe una forma correcta y una equivocada de abordar una entrevista.

- Decirle a alguien lo que quiere oír te conseguirá un empleo.

- Las entrevistas no son algo para lo que puedas prepararte; te irá mejor improvisando porque, si no, sonarás artificial.

- Si alguna vez te ha ido mal una entrevista, eres malo para las entrevistas.

## Fundamentos de entrevista para candidatos

- El acto de redactar una hoja de vida, pensar en tu experiencia laboral y practicar respuestas a preguntas de entrevista puede ayudarte a crear autoconsciencia y confianza en ti mismo, de forma que abordarás mejor las entrevistas.

- Utiliza el método STAR para preparar respuestas a preguntas conductuales frecuentes.

  - **Situación:** Describe la situación en la que estabas o la tarea que debías cumplir. Utiliza el ejemplo real de un trabajo, una clase o un voluntariado, y sé específico.

  - **Tarea:** Define con claridad el objetivo por el que trabajabas y la situación.

- **Acción:** El entrevistador quiere oír qué hiciste tú específicamente. Utiliza la palabra «yo» y verbos de acción dinámicos.

- **Resultado:** Describe qué ocurrió y en qué medida fuiste responsable de ello. ¡Es tu momento para brillar! La anécdota debería subrayar cómo fuiste el o la protagonista; cómo retuviste al cliente complicado o terminaste el proyecto antes de tiempo o le ahorraste a la empresa 40 000 dólares. La mayoría de las veces, los candidatos dejan al entrevistador en vilo, así que presenta el resultado sin que tengan que pedírtelo. ¡No seas tímido! Una entrevista es el momento y el lugar para hablar de tus éxitos.

- Si tienes tendencia a hablar demasiado (o demasiado poco) esta fórmula te ayudará a mantener el rumbo.

- Para el entrevistador, utilizar el método STAR significa preguntar por situaciones específicas por medio de preguntas conductuales como: «Describe una situación en la que utilizaste la persuasión con éxito para convencer a alguien de ver las cosas desde tu punto de vista» o «Paso a paso y por medio de ejemplos reales, por favor, dime cómo delegaste responsabilidades en un proyecto y cómo lo manejó el candidato».

- Los encargados de selección y las personas de Recursos Humanos no tienen formación para darte *feedback* de tu entrevista. Si lo necesitas, es mejor que contrates a un coach con el que puedas trabajar para mejorar.

- Escuchar activamente es clave para mostrarle al entrevistador que estás interesado. Míralo a los ojos cuando hable, asiente con la cabeza y, de vez en cuando, haz algún ruidito para demostrar que estás de acuerdo.

- Hazles las preguntas adecuadas a las personas adecuadas. A Recursos Humanos puedes preguntarle sobre la cultura de la empresa y los siguientes pasos en el proceso de entrevista. Guárdate las preguntas sobre el puesto y tu crecimiento profesional para el encargado de selección.

- Grábate cuando practiques las preguntas de entrevista. Verte desde otra perspectiva puede ayudarte a saber en qué debes mejorar.

- No se te dan mal las entrevistas, es solo que no estás bien preparado.

- No sirve de nada malgastar energía pensando en tu competencia. No tienes forma de probar que tus suposiciones sobre ella sean acertadas y estás perdiendo un tiempo precioso pensando en otros cuando podrías utilizarlo para incrementar tu autoconsciencia. Lo mejor que puedes hacer no es conocer a la competencia, sino conocerte a ti mismo y aprender a transmitir quién eres con claridad.

- Tomarte tu tiempo para contestar da una buena impresión. Parecerás reflexivo, así que no tienes por qué apurarte o hablar deprisa.

- Todos los trabajos tienen valor y te sentirás más seguro cuando seas capaz de observar tu experiencia sin criticarla. Actualizar tu hoja de vida es un buen ejercicio para incrementar tu aprecio por tus antiguos puestos. Si logras pensar objetivamente en tu experiencia, pensarás también en todo lo que has hecho y empezarás a conectarte con tus objetivos.

- Una entrevista no sirve solo para conseguir un empleo, también puede ser un ejercicio para aprender lo que quieres en tu carrera. De la misma forma en que te das cuenta de las cosas que te gustan durante la entrevista, fíjate en lo que no te gusta, ya sean algunos aspectos del puesto, cualidades del encargado de selección o detalles relacionados con la cultura de la empresa. Esto te ayudará a tomar una decisión informada y a encontrar un trabajo que esté hecho a tu medida.

- No puedes venderte si no le dices a tu interlocutor quién eres TÚ; eres la parte más importante de tu historia.

- No puedes encajar en cada grupo y compañía. Encajar es fantástico si el lugar refleja tus valores y te honra, pero, para encontrar ese lugar, tendrás que conocerte.

## Fundamentos de entrevista para encargados de selección

- A menudo, nuestras primeras impresiones están equivocadas, así que el desempeño de alguien en una entrevista no siempre es un buen indicador de si es o no el candidato ideal para el trabajo.

- Si los guardianes de la empresa están seleccionando al personal y reforzando positivamente ciertos comportamientos desde una perspectiva sesgada, crearán organizaciones igual de sesgadas con una plantilla que, en lugar de representar a la sociedad, representará sus prejuicios.

- Las entrevistas estructuradas —cuando se les pregunta lo mismo a todos los candidatos— son una forma fantástica de reducir los sesgos en el proceso de entrevista.

- Los encargados de selección tienen menos experiencia que los candidatos y el 90 % no tiene ninguna formación para entrevistar. No es que seas mal entrevistador, es que te falta preparación.

- A menudo, lo que hacemos son entrevistas sociales, que son básicamente conversaciones. Las entrevistas conductuales pueden reducir la ambigüedad, son más efectivas y menos sesgadas.

- Los encargados de selección deberían pasar un tiempo significativamente más corto hablando que los candidatos. Limítate a hacer preguntas y dale mucho espacio al entrevistado para contestar, hablar de sí mismo y probar por qué está cualificado.

# Notas

## 2. CÓMO DESCUBRÍ LOS CUATRO ESTILOS DE ENTREVISTA

1. Estilos de aprendizaje: Howard Gardner, *Estructuras de la mente: La teoría de las inteligencias múltiples* (Madrid: Fondo de Cultura Económica, 1943-1983).

2. Confiabilidad de datos: La confiabilidad de datos, a menudo medida por medio del Alfa de Cronbach, es una métrica estadística utilizada para evaluar la consistencia interna y la confiabilidad de una prueba o un psicométrico. Un valor alto del Alfa de Cronbach sugiere una mayor confiabilidad de la evaluación y uno bajo indica inconsistencias en los elementos de la evaluación. La validez de los constructos se refiere al grado al que una evaluación particular mide con precisión el constructo teórico que está diseñada para calcular. Establecer la validez de los constructos asegura que la evaluación proporcione resultados precisos y significativos, e implica pruebas empíricas y teóricas para apoyar lo que sostiene. El impacto dispar es un concepto utilizado en la evaluación de pruebas para identificar sesgos o discriminación potenciales contra ciertos grupos. Se refiere a una situación en que una evaluación particular tiene un impacto desproporcionadamente negativo en el desempeño de individuos de un grupo demográfico específico (por ejemplo, con base en la raza, el género, la etnia u otras características protegidas). Dennis W. Koerner y Russell J. Watson. Assessment Selection Standards Guide. Assessment Standards Institute. 2020.

3. Desde abril de 2020: Dennis Koerner a Anna Papalia, Memphis, Tennessee, 9 de abril, 2020.

## 3. POR QUÉ ES IMPORTANTE CONOCER TU ESTILO DE ENTREVISTA

1. Y se prevé: R. Mauer, «The Pros and Cons of Virtual and In-Person Interviews», Society for Human Resource Management, 26 de marzo de 2021. Consultado el 12 de marzo de 2023 en: https://www.shrm.org/resourcesandtools/hr-topics/talent-acquisition/pages/pros-and-cons-virtual-in-person-interviews.aspx.

2. Una mala contratación: David Pedulla, *Making the Cut: Hiring Decisions, Bias, and the Consequences of Nonstandard, Mismatched, and Precarious Employment* (Princeton, Nueva Jersey: Princeton University Press, 2020).

3. Como han demostrado investigadores como David S. Pedulla: Pedulla, *Making the Cut.*

4. Nuestras organizaciones: A. J. Hillman, A. A. Cannella e I. C., «Women and Ra-

cial Minorities in the Boardroom: How Do Directors Differ?», *Journal of Management* 28, número 6 (2002): 747–63. DOI: 10.1177/014920630202800603; Stephanie B. Smith, «Overcoming the Race-Sex Barrier: What Matters Most in the Executive Sponsorship of Black Women», *College of Business Theses and Dissertations* 11 (2019), https://via.library.depaul.edu/business_etd/11/; Juliana Menasce Horowitz, Anna Brown y Kiana Cox, «Race in America 2019», Pew Research Center, 9 de abril de 2019, https://www.pewsocialtrends.org/2019/04/09/race-in-america-2019; Griffin Sims Edwards; Proyecto Diane de digitalundivided 2018.

5. Si los guardianes: Louis Lippens, Siel Vermeiren y Stijn Baert, «The State of Hiring Discrimination: A Meta-Analysis of (Almost) all Recent Correspondence Experiments», *European Economic Review* 151 (2023). DOI: 10.1016/j.eurecorev.2022.104315.

6. Pragya Agarwal: Emily Kwong, «Understanding Unconscious Bias». 15 de julio de 2020, en el pódcast *Short Wave*, https://www.npr.org/2020/07/14/891140598/understanding-unconscious-bias; Pragya Agarwal, *Sway: Unraveling Unconscious Bias* (Nueva York: Bloomsbury Sigma, 2020).

7. Descubrieron: Marianne Bertrand y Sendhil Mullainathan, «Are Emily and Greg More Employable Than Lakisha and Jamal? A Field Experiment on Labor Market Discrimination», *American Economic Review* 94, número 4 (2004): 992. DOI:10.1257/0002828042002561.

8. La probabilidad: The Prison Policy Initiative, «Out of Prison & Out of Work: Unemployment Among Formerly Incarcerated People», julio de 2018, https://www.prisonpolicy.org/reports/outofwork.html; Departamento de Justicia de los Estados Unidos, Oficina de Programas de Justicia y Agencia de Justicia, «Employment of Persons Released from Federal Prison in 2010», diciembre de 2021, https://bjs.ojp.gov/content/pub/pdf/eprfp10.pdf.

9. Algunos estudios reportan: Tasha Eurich, *Insight: Why We're Not as Self-Aware as We Think, and How Seeing Ourselves Clearly Helps Us Succeed at Work and in Life* (Redfern, Australia: Currency Press, 2017).

10. Tasha Eurich: Tasha Eurich, «What Self-Awareness Really Is (and How to Cultivate It)», *Harvard Business Review*, 4 de junio de 2018, https://hbsp.harvard.edu/product/H042DK-PDF-ENG?itemFindingMethod=Search.

11. Se estima: Adam Uzialko, «How Much Is That Bad Hire Really Costing Your Business?», *Business News Daily* (Waltham, Massachussets), 21 de febrero de 2023, https://www.businesnewsdaily.com/9066-cost-of-bad-hire.html.

12. El efecto halo: Gabrieli Giulio, Albert Lee, Peipei Setoh y Gianluca Esposito, «An Analysis of the Generalizability and Stability of the Halo Effect During the COVID-19 Pandemic Outbreak», *Frontiers in Psychology* 12 (2021). DOI: 10.3389/fpsyg.2021.631871.

13. El efecto «like me»: G. J. Sears y P. M. Rowe, «A Personality-Based Similar-to-Me Effect in the Employment Interview: Conscientiousness, Affect-Versus Competence-Mediated Interpretations, and the Role of Job Relevance», *Canadian Journal of Behavioural Science / Revue canadienne des sciences du comportement* 35, número 1 (2003): 13–24. DOI: 10.1037/h0087182.

14. Esto es fundamental: Greg Ashley y Roni Reiter-Palmon, «Self-Awareness and

the Evolution of Leaders: The Need for a Better Measure of Self-Awareness», *Journal of Behavioral and Applied Management* 14 (2012): 2–17. DOI: 10.1037/t29152-000.

15. Los estudios muestran: Fabio Sala, «Executive Blind Spots: Discrepancies Between Self and Other-Ratings», *Consulting Psychology Journal: Practice and Research* 55, número 4 (2003): 222–29. DOI: 10.1037/1061-4087.55.4.222.

16. EL candidato promedio: Zippia, «15+ Incredible Job Search Statistics [2023]: What Job Seekers Need To Know», Zippia.com, 27 de febrero de 2023, https://www.zippia.com/advice/job-search-statistics/.

17. En una entrevista: «Interview with Psychologist Anthony Greenwald», *PBS News Hour*, PBS, 2020; Anthony G. Greenwald y Linda Hamilton Krieger, «Implicit Bias: Scientific Foundations», *California Law Review* 94, número 4 (2006): 925–67. DOI: 10.2307/20439056.

18. 75 por ciento: Alison Green, «Your Job Application Was Rejected by a Human, Not a Computer», *Ask a Manager*, 13 de octubre de 2020, https://www.askamanager.org/2020/10/your-job-application-was-rejected-by-a-human-not-a-computer.html.

#### 4. LOS CUATRO ESTILOS DE ENTREVISTA

1. Esta autoconsciencia: R. C. Smith, A. M. Dorsey, J. S. Lyles y R. M. Frankel, «Teaching Self-Awareness Enhances Learning About Patient-Centered Interviewing», *Academic Medicine* 74, número 11 (1999): 1242–48. DOI: 10.1097/00001888-199911000-00020; J. Carden, R. J. Jones y J. Passmore, «Defining Self-Awareness in the Context of Adult Development: A Systematic Literature Review», *Journal of Management Education* 46 (2022): 140–77. DOI: 10.1177/1052562921990065.

2. A diferencia de Myers-Briggs: Ken Randall, Mart Isaacson y Carrie Ciro, «Validity and Reliability of the Myers-Briggs Personality Type Indicator: A Systematic Review and Meta-Analysis», *Journal of Best Practices in Health Professions Diversity* 10 (2017): 1–27, https://www.jstor.org/stable/26554264.

3. T. Eyal, M. Steffel y N. Epley, «Perspective Mistaking: Accurately Understanding the Mind of Another Requires Getting Perspective, Not Taking Perspective», *Journal of Personality and Social Psychology* 114, número 4 (2018): 547–71. DOI: 10.1037/pspa0000115.

#### 5. SEDUCTOR

1. Describe a los Seductores: Robert Greene, *El arte de la seducción* (Madrid: Espasa, 2001).

#### 6. ENTREVISTARSE CON UN SEDUCTOR

1. Los Seductores son complacientes: Francesca Gino, Ovul Sezer y Laura Huang, «To Be or Not to Be Your Authentic Self? Catering to Others' Pref-

erences Hinders Performance», *Organizational Behavior and Human Decision Processes* 158 (junio de 2020): 83–100. DOI: 10.1016/j.obhdp.2020.01.003.
2. Louise Archer, «Younger Academics' Constructions of "Authenticity", "Success", and Professional Identity», *Studies in Higher Education* 33, número 4 (2008): 385–403. DOI: 10.1080/03075070802211729.
3. Queremos abrirnos: Zachary G. Baker, Reese Y. W. Tou, Jennifer L. Bryan y C. Raymond Knee, «Authenticity and Well-Being: Exploring Positivity and Negativity in Interactions as a Mediator, Personality and Individual Differences», *ScienceDirect*, 2017; 113, 235–39. DOI: 10.1016/j.pID.2017.03.018.
4. Los Seductores prefieren: Julia Levashina, Christopher J. Hartwell, Frederick P. Morgeson y Michael A. Campion, «The Structured Employment Interview: Narrative and Quantitative Review of the Research Literature», *Personnel Psychology* 67, número 167 (2014): 241–93. DOI: 10.1111/peps.12052.

**7. DESAFIADOR**

1. Si no puedes: Dave Zielinski, «Study: Most Job Seekers Abandon Online Job Applications», *Society for Human Resource Management*, 8 de marzo de 2016, https://www.shrm.org/resourcesandtools/hr-topics/technology/pages/study-most-job-seekers-abandon-online-job-applications.aspx.
2. Los Desafiadores entienden: T.-Y. Kim, E. M. David, T. Chen e Y. Liang, «Authenticity or Self-Enhancement? Effects of Self-Presentation and Authentic Leadership on Trust and Performance», *Journal of Management* 49, número 3 (2023): 944–73. DOI: 10.1177/01492063211063807.
3. De acuerdo con StrengthsFinder: Don Clifton, StrengthsFinder 2.0, editado por Gallup. Gallup Press, 2007: 1.

**9. ANALISTA**

1. Libro pionero: Daniel Goleman, *Inteligencia emocional* (Barcelona: Kairós, 1996).
2. Goleman lo llama: Ibid., p. 144.
3. Goleman continúa: Ibid., p. 143.
4. La capacidad de ser: Ibid., p. 144.
5. Michaela Chung, *The Irresistible Introvert: Harness the Power of Quiet Charisma in a Loud World* (Nueva York: Skyhorse Publishing, 2016).
6. Sesgo para los extrovertidos: Ibid., p. 129.
7. Como Chung afirma: Ibid., p. 62.
8. Estudio en reciprocidad: J. Eldridge, M. John Y K. Gleeson, «Confiding in Others: Exploring the Experiences of Young People Who Have Been in Care», *Adoption & Fostering* 44, número 2 (2020): 156–72. DOI: 10.1177/0308575920920389; G. Cornelissen S. Dewitte Y L. Warlop, «Are Social Value Orientations Expressed Automatically? Decision Making in the Dictator Game», *Personality & Social Psychology Bulletin* 37, número 8 (2011): 1080–90. DOI: 10.1177/0146167211405996.

**10. ENTREVISTARSE CON UN ANALISTA**

1. Así lo ilustra: Nicholas Epley, *Mindwise: Why We Misunderstand What Others Think, Believe, Feel, and Want* (Nueva York: Vintage Publishing, 2015), pp. 105, 300.
2. Ellen Hendriksen, *How to Be Yourself: Quiet Your Inner Critic and Rise Above Social Anxiety* (Nueva York: St. Martin's Press, 2018).
3. Martha Beck lo expresó mejor: Marth Beck, *Finding Your Own North Star: Claiming the Life You Were Meant to Live* (Easton, Pensilvania: Harmony Press, 2002), 179.


**11. CONCILIADOR**

1. Los conciliadores creen: Matthew T. Gailliot y Roy F. Baumeister, «Self-esteem, Belongingness, and Worldview Validation: Does Belongingness Exert a Unique Influence Upon Self-esteem?», *Journal of Research in Personality* 41, número 2 (2007): 327–45. DOI: 10.1016/j.jrp.2006.04.004.


**12. ENTREVISTARSE CON UN CONCILIADOR**

1. Explica la confianza en sí mismo: Meg Jay, *La década decisiva: Por qué son importantes de los veinte a los treinta años y cómo sacarles partido ahora* (Madrid: Asertos, 2016).
2. Una cantidad significativa de investigación: Cornelissen et al., «Are Social Value Orientations Expressed Automatically?», pp. 1080–90.

# Bibliografía adicional

Bonnefon, Jean-Francois, Aidan Feeney y Wim De Neys. «The Risk of Polite Misunderstandings», *Current Directions in Psychological Science* 20 (2011): 321–24. DOI: 10.1177/0963721411418472.

Bye, Hege, J. Horverak, Gro Sandal, David Sam y Fons Van de Vijver. «Cultural Fit and Ethnic Background in the Job Interview». *International Journal of Cross Cultural Management 14* (2013): 7–26. DOI: 10.1177/1470595813491237.

Carden, J., R. J. Jones y J. Passmore. «Defining Self-Awareness in the Context of Adult Development: A Systematic Literature Review». *Journal of Management Education 46*, número 1 (2022): 140–77. DOI: 10.1177/1052562921990065.

Cohen, D. y J. P. Schmidt. «Ambiversion: Characteristics of Midrange Responders on the Introversion-Extraversion Continuum». *Journal of Personality Assessment 43*, número 5 (1979): 514–16. DOI: 10.1207/s15327752jpa4305_14.

Constantin, Kaytlin, Deborah Powell y Julie McCarthy. «Expanding Conceptual Understanding of Interview Anxiety and Performance: Integrating Cognitive, Behavioral, and Physiological Features». *International Journal of Selection and Assessment 29*, número 2 (2021): 234–52. DOI: 10.1111/ijsa.12326.

Dasen, P. «Culture and Cognitive Development From a Piagetian Perspective». *In Psychology and Culture*, editado por W. J. Lonner y R. S. Malpass (1993): 145–49.

Dillahunt, Tawanna R., Lucas Siqueira Rodrigues, Joey Chiao-Yin Hsiao y Mauro Cherubini. «Self-Regulation and Autonomy in the Job Search: Key Factors to Support Job Search Among Swiss Job Seekers». *Interacting with Computers* 33, número 5 (septiembre de 2021): 537–63. DOI: 10.1093/iwc/iwac008.

Donato, A. A., R. L. Alweis y C. Fitzpatrick. «Rater Perceptions of Bias Using the Multiple Mini-Interview Format: A Qualitative Study». *Journal of Education and Training Studies* 3, número 5 (2015): 52–58. DOI: 10.11114/jets.v3i5.818.

Duckworth, Angela, Christopher Peterson, Michael Matthews y Dennis Kelly. «Grit: Perseverance and Passion for Long-Term Goals». *Journal of Personality and Social Psychology* 92 (2007): 1087–1101. DOI: 10.1037/0022-3514.92.6.1087.

Engelhardt, P. E., J. T. Nigg y F. Ferreira. «Is the Fluency of Language Outputs Related to Individual Differences in Intelligence and Executive Function?». *Acta Psychologica* 144, número 2 (2013): 424–32. DOI: 10.1016/j.actpsy.2013.08.002.

Freeman, R. Edward y Ellen R. Auster. «Values, Authenticity, and Responsible Leadership». *Journal of Business Ethics* 98 (2011): 15–23. DOI: 10.1007/s10551-011-1022-7.

Gino, Francesca, Ovul Sezer y Laura Huang. «To Be or Not to Be Your Authentic Self? Catering to Others' Preferences Hinders Performance». *ScienceDirect* 158 (2020): 83–100. DOI: 10.1016/j.obhdp.2020.01.003.

Higgins, Chad A. y Timothy A. Judge. «The Effect of Applicant Influence Tactics on Recruiter Perceptions of Fit and Hiring Recommendations: A Field Study». *Journal of Applied Psychology* 89, número 4 (2004): 622–32. DOI: 10.1037/0021-9010.89.4.622.

Judge, Timothy A., Chad A Higgins y Daniel M. Cable. «The Employment Interview: A Review of Recent Research and Recommendations for Future Research». *Human Resources Management Review* 10, número 4 (2000): 383–406. https://today.iit.edu/wp-content/uploads/2015/03/Judge-Higgins-Cable-.pdf.

Kahneman, D., P. Slovic y A. Tversky (editores). «Judgement Under Uncertainty: Heuristics and Biases». Cambridge, RU: Cambridge University Press, 1982. DOI: 10.1017/CBO9780511809477.

Kline, P., E. Rose y C. Walters. «Systemic Discrimination Among Large U.S. Employers». Artículo en progreso, 2021.

Kline, Patrick M., Evan K. Rose y Christopher R. Walters. *Systematic Discrimination Among Large U.S. Employers.* Cambridge, Massachussets: National Bureau of Economic Research, 2021.

Leary, M. R. «Emotional Responses to Interpersonal Rejection». *Dialogues Clinical Neuroscience* 17, número 4 (2015): 435-41. DOI: 10.31887/DCNS.2015.17.4/mleary.

Park, Daeun, et al. «The Development of Grit and Growth Mindset During Adolescence». *Journal of Experimental Child Psychology* 198 (2020): 104889. DOI: 10.1016/j. jecp.2020.104889.

Pfeffer, F. T. y A. Killewal. «Generations of Advantage. Multigenerational Correlations in Family Wealth». *Social Forces* 94, número 4 (2018): 1411-42. DOI: 10.1093/sf/sox086.

Procter, Ian y Maureen Padfield. «The Effect of the Interview on the Interviewee». *International Journal of Social Research Methodology* 1 (1998): 123-36. DOI:10.1 080/13645579.1998.10846868.

Randall, Ken, Mart Isaacson y Carrie Ciro. «Validity and Reliability of the Myers-Briggs Personality Type Indicator: A Systematic Review and Meta-Analysis». *Journal of Best Practices in Health Professions Diversity* 10, número 1 (2017): 1-27. https://www.jstor.org/stable/26554264.

Rivera, Lauren A. «Hiring as Cultural Matching: The Case of Elite Professional Service Firms». *American Sociological Review* 77, número 6 (2012): 999-1022. DOI:10.1177/0003122412463213.

Roberts, B. W., N. R. Kuncel, R. Shiner, et al. «The Power of Personality: The Comparative Validity of Personality Traits, Socioeconomic Status, and Cognitive Ability for Predicting Important Life Outcomes». *Perspectives on Psychological Science* 2 (2007): 313-45. DOI: 10.1111/j.1745-6916.2007.000 47.x.

Sheese, Brad E. y William G. Graziano. «Agreeableness». *Encyclopedia of Applied Psychology* (2004): 117-21. https://doi.org/10.1016/B0-12-657410-3/00020-9.

Smith, R. C., A. M. Dorsey, J. S. Lyles y R. M. Frankel. «Teaching Self-Awareness Enhances Learning About Patient-centered Interviewing». *Academic Medicine* 74, número 11 (1999): 1242-48, DOI: 10.1097/00001888-199911000-00020.

Srivastava, Sanjay, Oliver P. John, Samuel D. Gosling y Jeff Potter. «Development of Personality in Early and Middle Adulthood: Set Like Plaster or Persistent Change?». *Journal of Personality and Social Psychology* 84, número 5 (2003): 1041-53. DOI: 10.1037/0022-3514.84.5.1041.

Suleman, Q., M. A. Syed, Z. Mahmood y I. Hussain. «Correlating Emotional Intelligence with Job Satisfaction: Evidence from a Cross-Sectional Study Among Secondary School Heads in Khyber Pakhtunkhwa, Pakistan». *Frontiers in Psychology* 11 (2020): 240. DOI: 10.3389/fpsyg.2020.00240.

Sutton, A. «Measuring the Effects of Self-Awareness: Construction of the Self-Awareness Outcomes Questionnaire». *European Journal of Psychology* 12, número 4 (2016): 645-58. DOI: 10.5964/ejop.v12i4.1178.

Sutton, A., H. M. Williams y C. W. Allinson. «A Longitudinal, Mixed Method Evaluation of Self-Awareness Training in the Workplace». *European Journal of Training and Development* 39, número 7 (2015): 610-27. DOI: 10.1108/EJTD-04-2015-0031.

Tang, Christian Byrge. «Ethnic Heterogeneous Teams Outperform Homogeneous Teams on Well-defined but Not Ill-defined Creative Task». *Journal of Creativity and Business Innovation*, 2016: 2. http://www.journalcbi.com/ethnic-heterogeneous-teams-and-creativity.html.

Tuovinen S., X. Tang y K. Salmela-Aro. «Introversion and Social Engagement: Scale Validation, Their Interaction, and Positive Association with Self-Esteem». *Frontiers in Psychology* 11 (2020): 590748. DOI: 10.3389/fpsyg.2020.590748.

Turner, Margery Austin, Peter Edelman, Erika Poethig y Laudan Aron. *Tackling Persistent Poverty in Distressed Neighborhoods: History, Principles, and Strategies for Philanthropic Investment*. Washington D. C.: Urban Institute, 2014.

United States Bureau of Labor Statistics. «Employer Costs for Employee Compensation Summary». Economic New Release, U.S. Dept. of Labor (17 de marzo de 2023). https://www.bls.gov/news.release/ecec.nr0.htm.

United States Bureau of Labor Statistics. «Job Openings and Labor Turnover Survey». JOLTS, U.S. Dept. of Labor (8 de marzo de 2023). https://www.bls.gov/jlt/home.htm.

Whalen, J.R., presentador. «There are More Open Jobs Than Ever Before. Why are Job Hunts Longer?». *Your Money Briefing. The Wall Street Journal* (23 de enero de 2023). https://www.wsj.com/podcasts/your-money-matters/there -are-more-open-jobs-thanever-before-why-are-job-hunts-longer/184d00f8 -8b3c-49af-887f-c543d67bc57e.

Xiang, Ping y Amelia Lee. «Achievement Goals, Perceived Motivational Climate, and Students' Self-Reported Mastery Behaviors». *Research Quarterly for Exercise and Sport* 73, número 1 (2002): 58–65. DOI: 10.1080/02701367.2002.10608992.

Zippia. «40 Important Job Interview Statistics [2023]: What You Need to Know Before Starting Your Job Search». Zippia.com. 25 de octubre de 2022. https: //www.zippia.com /advice/job-interview-statistics/.

# Sobre la autora

**A** **nna Papalia** es directora de Interviewology, conferenciante y persona influyente en el mundo laboral con más de un millón y medio de seguidores en redes sociales. Como directora de adquisición de talento y coach de desarrollo profesional, ha ayudado a más de diez mil clientes. Nominada para el HR Person of the Year en 2020, es una solicitada gurú en el ámbito de las entrevistas.

Para descubrir tu estilo de entrevista
y recibir un libro de ejercicios de
preparación personalizado,
visita www.theinterviewology.com.

Para más consejos y recursos de entrevista,
sigue a Anna en:

anna..papalia     Anna Papalia     annapapalia     careercoachannapapalia